Giancarlo Marzorati

City Inventions
L'invenzione della città

Texts by
Testi di
Michele Bazan Giordano

Photographic Credits
Fotografi
Federico Brunetti, Enrico Cano,
Nello Zamperini, Studio Elbi,
Studio Sergi

Editorial Director USA
Pierantonio Giacoppo

Chief Editor of Collection
Maurizio Vitta

Publishing Coordinator
Franca Rottola

Graphic Design
Paola Polastri

Editing and Translation
Sofia Jennifer Teodori

Colour-separation
Chromia, Meda, Milano

Printing
Poligrafiche Bolis, Bergamo

First published July 1999

ISBN 88-7838-063-6

Contents

5 Introduction by *Introduzione di* Michele Bazan Giordano
9 Works *Opere*
10 The Impregilo Building, Sesto S. Giovanni, Italy
18 Piazza Oldrini, Sesto S. Giovanni, Italy
30 Palasesto, Sesto S. Giovanni, Italy
36 Piazza don Mapelli, Sesto S. Giovanni, Italy
52 Oasi, Cinisello Balsamo, Italy
56 Multiplex "Arcadia", Melzo, Italy
70 Alea, Cinisello Balsamo, Italy
74 Hotel, Lissone, Italy
78 Maro 2, Sesto S. Giovanni, Italy
82 Giocheria, Sesto S. Giovanni, Italy
86 Mediapolis, Sesto S. Giovanni, Italy
97 List of Works *Elenco dei lavori*

Introduction
by Michele Bazan Giordano

The tradition of designers who virtually dedicated their entire work to a sole city is deeply rooted in the history of architecture. Great Masters have done so (from Biagio Rossetti in Ferrara to Oscar Niemeyer in Brasilia, and so on), and although inconspicuously, many committed professionals continue to do so, in the fascinating and thorny analysis of the contemporary urban question. Among these, Giancarlo Marzorati has a prominent place. The Lombard architect, who has been working in the architectonic field since the seventies, has set himself the difficult goal of inventing a new face for his city: Sesto San Giovanni, in the north-eastern outskirts of Milan. Following the strong process of industrialization that started at the beginning of the nineteenth century, the city spread out around a tiny center, and today counts 85,000 inhabitants. A large part of this population is constituted by immigrants who came from the South of Italy in the fifties and sixties. After going through more or less accelerated stages, the industrialization process came to an end only a few decades ago. Thus, today Sesto requires rehabilitation of disused areas, but also great respect for its industrial and working culture, which is the city's true breeding ground.

Marzorati faced the subject by creating structures that have a symbolical visual impact; new local architectural logos which stress the gradual departure of Sesto's economy from heavy industry. At the same time, the designer considered the current expansion of the service industry, along with the proud presence of a working class that during the years of utopian politics, had Sesto renamed "Italy's Stalingrad". The situation is summed up by Angelo Porro, who teaches History of Political Institutions at the "Università degli studi" of Milan: "Modern industrial paternalism, a constant search for technological innovation, the social identity of a working class that has always been able to measure itself with the question of "political direction" are thus the ingredients that have made Sesto San Giovanni a city, and not merely a metropolitan suburb. Porro then pointed out how "in the last decade, however, this pattern was disrupted due to the concentric action of the 'postindustrial' revolution and the 'disappearance' of the working class as a crucial social moving spirit." Therefore, he goes on to ask himself, "on which values and on which social strengths should the new urban identity and cultural solidarities of twenty-first century Sesto be founded?" Marzorati obviously asked himself the same question, since he concentrated all his architectural production on this theme. After all, who could have seen into the heart of the matter better than he? ("My family lived this transformation directly", he says, "my grandmother, a peasant, lived in Sesto with

Ha profonde radici nella storia dell'architettura la tradizione di chi ha legato, più o meno indissolubilmente, le proprie opere a una singola città. Lo hanno fatto grandi Maestri (da Biagio Rossetti a Ferrara fino a Oscar Niemeyer a Brasilia e via abbinando) e lo fanno non pochi professionisti impegnati, magari senza clamori, nell'affascinante e spinosa analisi della vicenda urbana contemporanea. Fra loro occupa certamente un posto di rilievo Giancarlo Marzorati, architetto lombardo attivo sin dagli anni Settanta, che si è posto il non facile obiettivo di immaginare un volto nuovo per la propria città: Sesto San Giovanni, comune dell'hinterland nord-est milanese, che, sull'onda del potente processo di industrializzazione iniziato alla fine del secolo scorso, si è allargato a macchia d'olio intorno a un minuscolo centro storico, fino a contare, oggi, 85.000 abitanti, in buona parte frutto della forte immigrazione dal Mezzogiorno degli anni Cinquanta e Sessanta. Un processo di industrializzazione giunto a termine, attraverso fasi più o meno accelerate, solo poche decine di anni fa. Oggi la città richiede dunque interventi su aree dismesse ma anche grande rispetto per una cultura industriale e operaia che di Sesto è il vero humus.

Il tema Marzorati l'ha affrontato anche attraverso simboliche emergenze visive, nuovi logotipi architettonici locali atti a sottolineare il graduale scollamento dell'economia sestese dall'industria pesante ma anche il processo di terziarizzazione in atto, tenendo contemporaneamente presente il valore di un'orgogliosa presenza operaia che aveva fatto ribattezzare Sesto, in anni di utopie politiche, "la Stalingrado d'Italia". "Moderno paternalismo industriale, costante tensione all'innovazione tecnologica, identità sociale di un proletariato storicamente capace di misurarsi con il problema della 'direzione politica' costituiscono quindi gli ingredienti che hanno fatto di Sesto una città e non un suburbio metropolitano", sintetizza Angelo Porro, docente di Storia delle istituzioni politiche presso l'Università degli studi di Milano, facendo notare come "nell'ultimo decennio però questo modello" sia "andato in crisi per l'agire concentrico della rivoluzione post-industriale e della scomparsa del proletariato come risolutivo attore sociale". Si chiede dunque Porro: "Su quali valori, su quali forze sociali ricostruire la nuova identità urbana e le nuove solidarietà culturali per la Sesto del XXI secolo?". Una domanda che si è posto, ovviamente, anche Marzorati che su questo tema ha impostato tutta la sua produzione architettonica. Chi, del resto, meglio di lui avrebbe potuto cogliere il nocciolo della questione? ("La mia famiglia ha vissuto in prima persona questa trasformazione", ci racconta, "mia nonna era una contadina sestese che aveva a balia undici figli,

her eleven children, and my father was a worker at Marelli.") This is proof of Marzorati's interest in the past, in a tradition that is genetically his own. We're not referring to the purely formal classical nostalgia that is revealed in his architecture, to his unrestrainable attraction (even if this is only hinted at, within the context of a fundamentally functionalist architecture) to tympanums and columns. We're referring to his love for what Sesto has represented in the history of industrial economy. But let's be concrete, and come to an example: we believe that his most interesting construction is the suspended Tower. This structure stands on an area that a local writer, Giorgio Manzini, thus described only a few decades ago: "[...] there were only a few houses then, already gray and peeling, but each one had a front garden. A walk towards the river would take us into the countryside. The center of Sesto San Giovanni was far away, it was in another town. The Rondò was actually inaccessible; this was where the coaches used to turn to pick up the main road to Milan again - five kilometers under the shade of the plane trees [...]. But the families living in the village, who mostly belonged to the working class, could be considered privileged: they would take viale Italia and reach the factory in no time, while there were people from Brianza, Bergamo and Brescia, for instance, who often rode in by bicycle, arriving before dawn." So through the strength of his architectonic sign, Marzorati wanted to preserve Sesto's autonomy, ethnicity and culture, its "independence" from the vaguely monstrous advancing of Milan, which is unrestrainably trying to absorb and engulf all the towns it borders, making them its own. It is not by chance that the "Suspended Tower" is located on the boundary with the municipal district of Milan, as though it were a sort of stop sign; in fact, to go beyond, an additional fare must be paid on the subway ticket. In this sense, the building assumes the role of a "state border". Here, the word "state" is not intended in a political-administrative sense (we are far from a separatist interpretation of the city, which is in turn far from the social and historical foundations of Sesto's tradition), but only as a contingent explanation of the idea.

In the first decade of the nineteenth century, Sesto San Giovanni was still only a rural village with less than 5,000 inhabitants. The town's rapid process of industrialization was initially linked with the Milanese economy. Already in those years the latter had decided to use the suburban areas of the northern outskirts of Milan for heavy industry and for its own technological innovation. Subsequently, from the traditional mountain sites, the industrializing process was moved to the south-western/north-eastern area that connects

mio padre un operaio della Marelli"). Ecco dunque l'attenzione di Marzorati al passato, a una tradizione anche geneticamente propria. Non ci riferiamo, è chiaro, a certe nostalgie classiche, puramente formali, della sua architettura, alle sue irrefrenabili tentazioni (sia pur solo accennate nel contesto di impianti di tradizione fondamentalmente razionalista), nei confronti di timpani e colonne. Ci riferiamo all'amore per quel che Sesto ha rappresentato nella storia dell'economia industriale. Ma andiamo sul concreto, con un esempio: la sua realizzazione a nostro parere più interessante, la Torre sospesa, sorge su un'area che uno scrittore locale, Giorgio Manzini, così descriveva solo pochi decenni fa: "[...] allora erano poche case, già grigie e scrostate ma con l'orto davanti. Si andava verso il fiume e si era in campagna. Il centro di Sesto San Giovanni era invece lontano, un altro paese. Addirittura irraggiungibile il Rondò, dove una volta giravano le carrozze per infilare di nuovo lo stradone per Milano, cinque chilometri sotto l'ombra dei platani [...]. Abitare il villaggio, quasi tutte famiglie operaie, poteva però sembrare un privilegio: si usciva su viale Italia e si era subito in fabbrica, mentre c'era gente, brianzoli, bergamaschi, bresciani, che arrivava spesso in bicicletta, prima dell'alba". Ecco: Marzorati, con la forza del suo segnale architettonico, ha voluto preservare l'autonomia, l'etnicità, la cultura di Sesto, la sua "indipendenza" dall'avanzare vagamente mostruoso di Milano che, come un "blob" inarrestabile, tenta di assorbire, inglobare, far sue le realtà finitime. Non a caso la "Torre Sospesa" si colloca, quasi a segnare un alt, proprio al confine con il comune di Milano, per oltrepassare il quale persino il biglietto del metrò richiede un surplus. In questo senso l'edificio assume un ruolo di "confine di stato", "stato" non inteso però in senso politico-amministrativo (lungi da noi una lettura localistico-leghista così lontana dall'humus storico-sociale della tradizione sestese) ma nel senso di idea di un carattere contingente.

Ancora nel primo decennio dell'Ottocento Sesto San Giovanni era solo un borgo rurale con meno di 5000 abitanti. Il suo accelerato processo di industrializzazione è inizialmente legato alla crescita dell'economia milanese che, già in quegli anni decisa a deputare le aree suburbane del nord-hinterland all'industria pesante e al suo rinnovarsi tecnologico, veniva spostata (dai tradizionali siti montani) lungo l'asse sud ovest-nord est, quello che collega Milano a Sesto. Agli albori del Novecento, quando Sesto era sede di poche aziende tessili, grazie anche all'operato di grosse società immobiliari che ne lottizzano i terreni, vi si insediano Breda (macchine agricole, locomotive, carri merci), Ercole Marelli (elettromeccanica) e Acciaierie e Ferriere Lombarde (siderurgia), oltre che le Officine Valsecchi

Milan to Sesto. At the beginning of the twentieth century, when Sesto only counted a few textile companies, a number of important firms built their premises on the area, such as Breda (agricultural machinery, locomotives, freight), Ercole Marelli (electromechanical industry) and Acciaierie e Ferriere Lombarde (iron and steel industry), as well as the Officine Valsecchi, or Osva (tools). This was also thanks to the work of large real estate companies, that lotted out pieces of land for the firms. These initiatives were all due to great magnates of the Italian industry: the engineer Ernesto Breda, Ercole Marelli, and Giorgio Enrico Falck, who are among the most genuine interpreters of the industrial paternalism that developed what today can be referred to as our know-how abroad (Marelli soon acquired international premises: from London to Paris, from Madrid to Berlin, from Geneva to New York to Buenos Aires). All of this without counting in Sesto's Campari, a "light" company whose apéritif soon became a "made in Italy" symbol.

This sudden industrialization also gave rise to new residential areas (we might easily say that Sesto was remodelled by big industry). In a short time, Breda, Falck and Ercole Marelli became "[...] the center of aggregation of more and more remarkable migratory flows coming from more and more extended peripheries, until the entire Po Valley was included. It also became a point of enormous trade, including material, economical, technical and cultural resources coming from all around Europe", remarked Alberto De Bernardi, who teaches Industrial History at the University of Bologna. The industrialization process was further accelerated by World War I: the industries were put at the Country's service and became larger, passing from 8,000 to 15,000 workers. With the same courage with which Sesto faced the postwar crisis, the city set itself as a stronghold of the Resistance Movement (in fact, the commune was awarded a gold medal of Partisan merit for military valor). All of this was also thanks to the powerful presence of the working class, which was fundamental for the organization of the great 1943-44 strikes. After World War II, recovery was slow (the number of workers in the big industries, which again grew during wartime and were thus largely "martial", reached 45,000), but in the following twenty years, Sesto continued to produce wealth (often to the advantage of Milan) and to put much effort into widening public properties (from 1946 to 1959, these were multipled by 220). The main architectural innovations of the period 1962-67 were conceived by Piero Bottoni, who, amongst other things, was also the author of Sesto's town hall. This building is full of symbolic colors, from the blacks and grays of

ovvero Osva (utensileria). Tutte iniziative dovute a grandi magnati dell'industria italiana: l'ingegner Ernesto Breda, Ercole Marelli, Giorgio Enrico Falck, fra i più genuini interpreti di quel paternalismo industriale che fece comunque grande quello che oggi si chiamerebbe il nostro know-how all'estero (la Marelli acquisì presto sedi internazionali: da Londra a Parigi, da Madrid a Berlino, da Ginevra a New York a Buenos Aires). Senza considerare la presenza a Sesto di un'azienda "leggera" come la Campari il cui "bitter all'uso d'Hollanda" diverrà un prodotto simbolo del made in Italy. Questa improvvisa industrializzazione porta anche al sorgere di nuove aree residenziali (anzi, si può tranquillamente affermare che Sesto è stata rimodellata urbanisticamente dalla grande industria). Breda, Falck, Ercole Marelli divengono in breve "[...] centro di aggregazione di flussi migratori sempre più cospicui provenienti da periferie sempre più estese, fino a comprendere l'intera Valle Padana, e snodo di un gigantesco traffico di risorse materiali, economiche, ma anche tecniche e culturali, provenienti dall'Europa intera", nota Alberto De Bernardi, docente di Storia dell'industria presso l'Università di Bologna. Un'ulteriore accelerazione la impone la prima guerra mondiale: le industrie, poste al servizio della Patria, si ampliano (si passa da 8.000 a 15.000 lavoratori). Dopo aver affrontato coraggiosamente la crisi post-bellica, Sesto si pone altrettanto coraggiosamente, grazie anche alla potente presenza operaia, fondamentale per l'organizzazione dei grandi scioperi del '43 e del '44, come roccaforte della resistenza (non a caso il Comune è medaglia d'oro al valor militare per meriti partigiani). La ripresa, dopo la seconda guerra mondiale, è lenta (gli addetti nelle grandi industrie, ancora una volta divenute in gran parte "belliche", salgono a 45.000) ma nel ventennio successivo Sesto continua a produrre ricchezza (spesso a vantaggio di Milano) e ad ampliare, con notevoli sforzi, le proprietà pubbliche (dal 1946 al 1959 di 220 volte). Il piano regolatore principale, quello del 1962-67, è di Piero Bottoni, autore, fra le altre cose, del municipio sestese, macchia di colori simbolici, dai neri e grigi dei piani bassi fino ai rossi e i gialli delle parti superiori, immagine cromatica della fusione nell'altoforno ma anche del passaggio dal fascismo al comunismo. Un PRG che punta sulle infrastrutture, assai carenti, ma soprattutto sull'edilizia popolare il cui sviluppo si impone prepotentemente durante le già citate immigrazioni dal Mezzogiorno negli anni Cinquanta e Sessanta. Bottoni, in particolare, tenta di rendere i grandi quartieri operai complementari alla città (oltre un milione e mezzo di metri quadri vengono vincolati alle aree "167", quelle destinate all'edilizia popolare, tanto giustamente acclamate nelle intenzioni quanto

the lower floors to the reds and yellows at the top; a fused chromatic image, but also a shift from fascism to communism. Plans for the city aimed at infrastructures, which were sadly scarce, but especially at the erection of council houses, of which there was a huge development during the aforementioned immigrations from the South of Italy in the fifties and sixties. In particular, Bottoni attempted to make the great working class neighborhoods complementary to the city (over a million and a half square meters were part of the "167" areas, destined to housing for the working class; the intention of building these complexes was justly acclaimed, but when construction was completed they were severely criticized). These areas were added to the ones that had already been constructed in the past by the owners of the large heavy industries. In the following years, Bottoni's good advice was not applied much (some residential complexes that looked too suburban are today totally out of context with the city). Giancarlo Marzorati thus took on a difficult job. And this happened at a moment in which Sesto's destiny is departing from its long-lived, powerful industries. Here the magnates exist no more, so it is natural that a sense of abandonment should ensue, a sense of solitude that needs to be filled. This has partly been done, and the expansion of the service industry is still under way: we are aiming at great centers of data collection, media strongholds, computer science, but also at important moments of social aggregation, such as multiscreen movie houses and recreational areas for children. It is in these fields that Marzorati has been acting, and is still acting now. But where will Sesto go in the twenty-first century? What will future transformations bring? "Even if in the current conditions it is difficult to give a satisfying answer to this question", says Vittorio Gregotti, designer of the new technological center of Bicocca, on the border between Sesto and Milan, "it is certain that in these transformations the quality of the spatial offers that will be made will play a much more important role than they have in the past." The city will therefore have to face themes such as accessibility, services, and the efficiency and designing ability of institutions. In short, Giancarlo Marzorati works upon single, precise, punctual realities. That are not high-flown, but concretely connected with his city's historical and social vicissitudes, its ancient and new reality. Perhaps he works in the shade, but with a Stakhanovism that is typical of the natives of Sesto, so that his architectural work can "mark" the historical moment the city is currently going through.

vituperate dopo le realizzazioni). Quartieri che vanno ad aggiungersi a quelli già realizzati in passato dagli stessi padroni delle grandi industrie pesanti. I buoni consigli di Bottoni vengono però assai poco applicati negli anni a venire (certi complessi residenziali color periferia sono oggi totalmente avulsi dalla città).

Giancarlo Marzorati si è dunque trovato a doversi sobbarcare una pesante eredità. E proprio nel momento in cui i destini di Sesto si separano da quelli delle sue care e potenti industrie dei padri-padroni che sono stati allo stesso tempo il volano e il limite di questa città a essi indissolubilmente legata per quasi ottant'anni. Oggi quei padri-padroni non ci sono più ed è quindi naturale provare un senso di abbandono, di solitudine, che necessita d'essere riempito. In parte ciò è stato fatto e la terziarizzazione è tutt'ora in corso: si punta sui grandi centri di raccolta dati, sulle cittadella dei media, sull'informatica ma anche su importanti momenti di aggregazione sociale come i cinema multisala e le giocherie per i bambini. Proprio qui Marzorati s'è mosso fin ora e si sta muovendo.

Ma dove andrà la Sesto del Duemila? Quali saranno le ulteriori trasformazioni? "Anche se nelle attuali condizioni è difficile dare una risposta piena a questa domanda", è il commento di Vittorio Gregotti, progettista del nuovo polo tecnologico della Bicocca, al confine fra Sesto e Milano, "ciò che è certo è che in tali trasformazioni la qualità delle offerte spaziali giocherà un ruolo assai più importante che nel passato". La città dovrà dunque affrontare temi quali l'accessibilità, i servizi, l'efficienza e la capacità progettuale delle istituzioni. Giancarlo Marzorati, al di là dei grandi proclami, lavora su singole, precise, puntuali realtà tanto poco magniloquenti quanto concretamente legate alla vicenda storica e sociale, antica e nuova, della "sua" città, lavorando, magari nell'ombra, ma con stakanovismo tipico dei sestesi, per far sì che i suoi interventi e le sue architetture "segnino" il momento storico che la città sta attraversando.

Works *Opere*

oviesse

The Impregilo Building
Sesto San Giovanni, Italy

The building that marks Sesto San Giovanni's urban evolution is like a new medieval gate for visitors coming from Milan. The Impregilo Building, in fact, now stands in the place of the old Magneti-Marelli headquarters, constituting a recovery of the site. Magneti-Marelli, a factory founded around the twenties, was slowly modified, in step with the main social and productive events of national industry. A very rich history marks the 145,000 cubic meters of space: formerly, magnetos were produced there, then the more modern starters and sparking-plugs, until the firm was taken over by Fiat. Later on, Magneti-Marelli turned into Radiomarelli, and thus started producing radio sets, and subsequently even refrigerators and televisions, while the production of automotive appliances was moved to another site. At the beginning of the seventies, electronic sophistication led to the expansion of the service industry in the complex, where all that remained of the old Magneti-Marelli were a number of offices and a few warehouses. When the ground floor of the building was emptied, Marzorati was able to create a great, covered entrance-hall that practically forms a continuation of the adjoining subway exit. In the middle of the hall stands a bold (for then) bearing element that was part of the old building; resembling a giant hand, it supports the entire structure, and pierces the ceiling, running through the entire height of the building. A long pillared portico (120 meters) becomes a part of the city and runs along the two very differently shaped bodies which make up the whole. The first is distinguished by three horizontal stripes that act like asymmetrical string-courses to a curtain wall façade; the second body has a totally different visual rhythm from the former. It is perpendicular to the first and takes the shape of a simulated colonnade (which is real only up to the portico level) that glides upwards. To further stress the difference between the two bodies, Marzorati inserted a cylindrical element, which serves the purpose of hiding a fire escape. The chromatisms are the dividing elements that act as catalysts for the sharp separation of the bodies.

È, per chi giunga da Milano, la nuova porta medioevale di Sesto San Giovanni, l'edificio che ne segna l'evoluzione urbana. L'attuale palazzo Impregilo è infatti il frutto del recupero della vecchia sede della Magneti-Marelli, vero e proprio pezzo da novanta dell'archeologia industriale italiana, una fabbrica nata intorno agli anni Venti e che si è via via modificata stando al passo delle principali vicende sociali e produttive dell'industria nazionale. Centoquarantacinquemila metri cubi densi di storia: inizialmente vi si producevano i magneti, poi i più moderni motorini di avviamento e le candele per auto finché l'azienda venne assorbita dalla Fiat. Più avanti la Magneti-Marelli si trasformò in Radiomarelli sfornando apparecchi radiofonici ma poi anche frigoriferi e televisori mentre le forniture per le automobili si spostavano in altra sede. Nei primi anni Settanta la sofisticazione elettronica porta alla terziarizzazione del complesso dove rimangono soprattutto uffici amministrativi e alcuni magazzini. Lo svuotamento dell'edificio a piano terra ha consentito a Marzorati di realizzare un grande atrio coperto che diviene quasi un prosieguo della confinante uscita della metropolitana. Al centro dell'atrio campeggia un coraggioso (per allora) elemento portante (recuperato dal vecchio edificio) che sorregge, quasi come una grande mano, l'intera struttura e che, trapassando il soffitto dell'atrio, corre per l'intera altezza dell'edificio. Un lungo portico colonnato (120 metri) diviene esso stesso parte della città e corre lungo i due corpi, di forme nettamente differenziate, costituenti l'insieme: il primo ha come segno caratterizzante tre lunghe strisce orizzontali che fanno da asimmetrici marcapiani a una facciata curtain wall*; il secondo si caratterizza per un ritmo visivo opposto al precedente, con esso perpendicolare e che si concretizza nella forma di un finto colonnato (reale solo ad altezza di portico) che si slancia verso l'alto. A sottolineare ancor più la differenziazione fra i blocchi, Marzorati ha inserito fra essi un elemento cilindrico, funzionalmente finalizzato a mascherare una scala di sicurezza. Catalizzatori delle nette separazioni dei blocchi anche i cromatismi che potremmo definire "di rottura".*

In the preceding pages, view of the front along viale Marelli, with the Suspended Tower in the background. Below, plan of the aboveground levels.
Nelle pagine precedenti, vista del fronte lungo viale Marelli con, sullo sfondo, la Torre Sospesa. Sotto, piante dei livelli fuori terra.

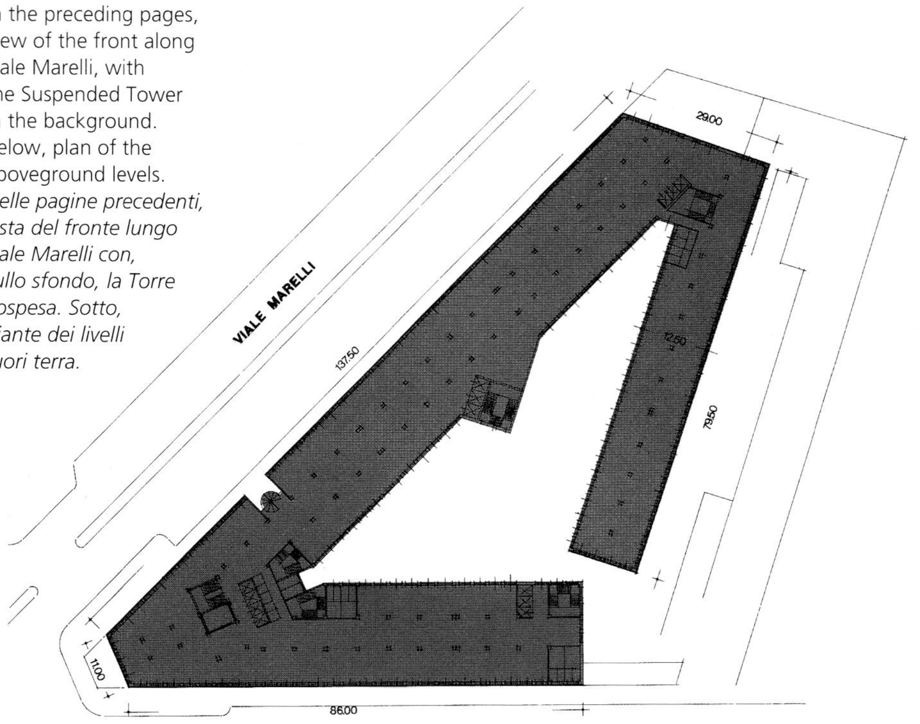

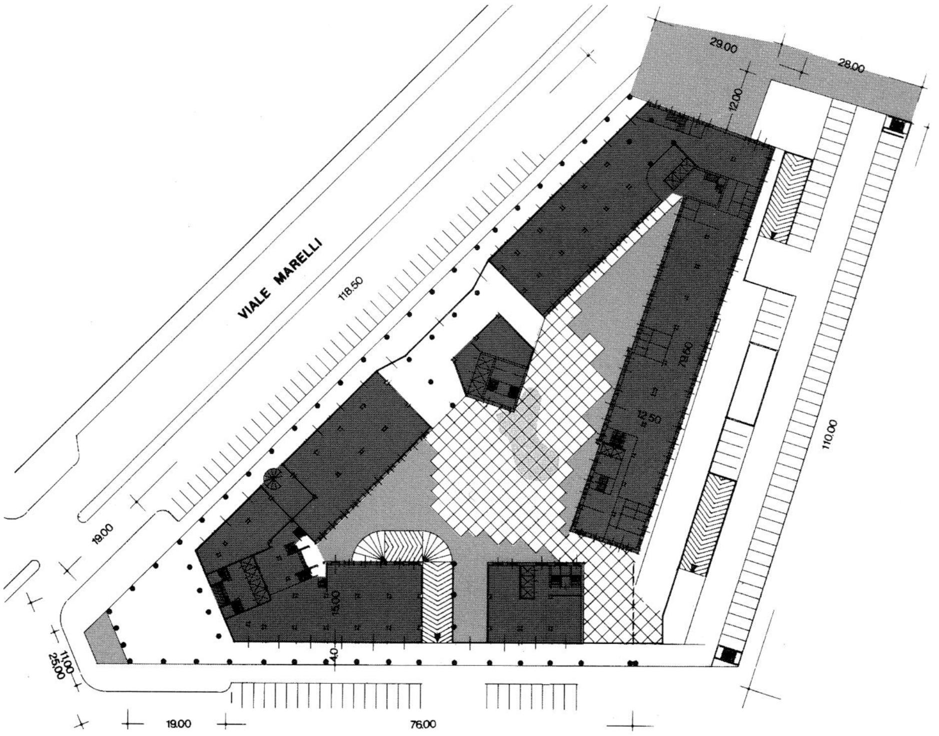

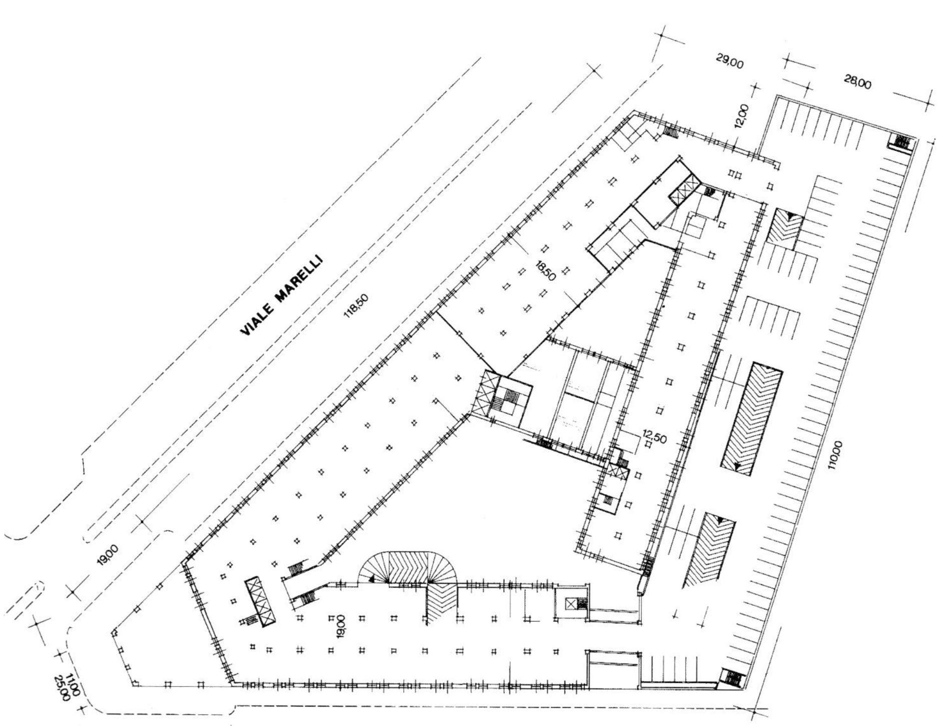

Front view of the building from piazza Mapelli.
Vista del fronte dell'edificio da piazza Mapelli.

The footbridge linking
the buildings
in the private park.

*La passerella pedonale
di collegamento
tra i fabbricati
nel giardino interno.*

Interior views: doorkeeper's lodge, interior view of the lobby, roofing of the lobby, corridor.

Vedute di interno: portineria, affaccio cavedio interno, copertura cavedio, corridoio.

Corner prospect between viale Marelli and via Edison
On the opposite page, detail of the façade.

Prospetto d'angolo fra viale Marelli e via Edison. Nella pagina a fianco, particolare della facciata.

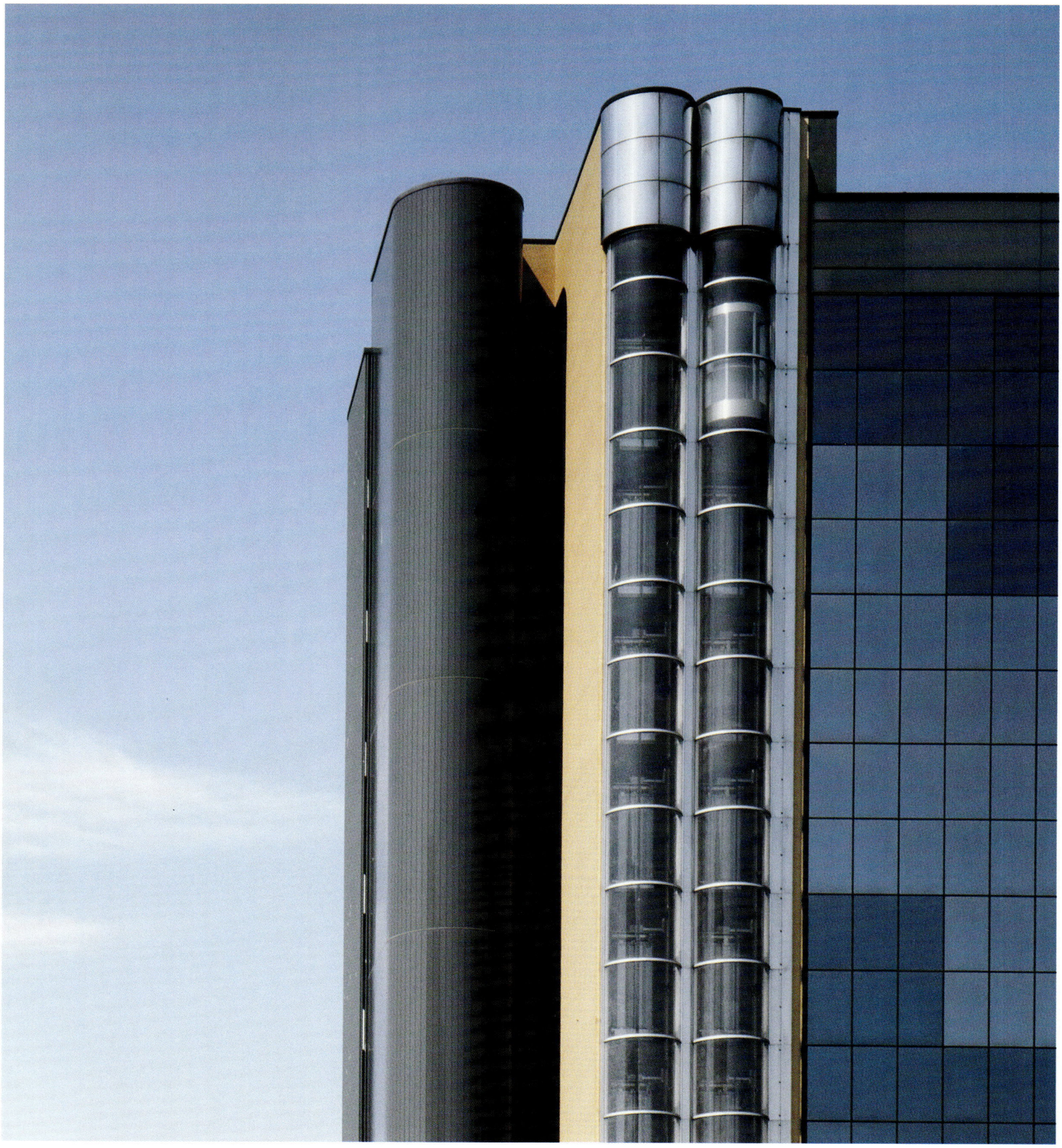

Piazza Oldrini
Sesto San Giovanni, Italy

The city of Sesto San Giovanni is split in two by a railroad: the old town center lies on one side, the new city on the other. Marzorati planned Piazza Oldrini with the idea of creating a square, a place for the aggregation of the "new city's citizens". It was a wide area (an extension of 12,600 square meters, which constitutes the dimensions of piazza del Duomo - the Milan Cathedral Square), that used to be occupied by a disused steel cable factory. The key to the spirit of the plan is Luca Veronesi's great sculpture, rising from the ground in the center of the area (under which the parking lots are hidden) and soaring into the sky: great steel bars (recalling the former site) in colors that get lighter and lighter as they rise (the concept already expressed by Piero Bottoni in the chromatism of Sesto's town hall is taken up again: from the dark colors at the bottom to the light colors at the top, or from fascism to liberty). Veronesi's sculpture goes on in a continuum, into the changing hues of a glazed façade belonging to a hotel designed by Marzorati. The hotel hall has large columns that pierce the ceiling and rise upwards (like Veronesi's sculpture). Again, it was Marzorati who designed a department store building on the side of the square, a glazed business building - closed at the sides by two ventilated façades - and a number of residential buildings. The music school is very interesting, a low structure with plated roofings that pick up the motif of the industrial quarters again. The most important part of it all, however, is the square's great empty space (to be filled with social activity) with its symbolic sculpture, a new emblem of a Sesto which looks ahead without betraying the past.

La città di Sesto San Giovanni è divisa in due dalla ferrovia: da una parte il piccolo centro antico, dall'altra la città nuova. Ed è proprio creare una piazza, un luogo di aggregazione per i cittadini della "città nuova", lo scopo che si è prefisso Marzorati nel progettare piazza Oldrini. Si trattava di un'ampia area (un'estensione di 12.600 metri quadrati, ovvero quella di piazza del Duomo a Milano) un tempo occupata da un dismesso stabilimento di funi d'acciaio. Segnale-chiave dello spirito del progetto è la grande scultura centrale di Luigi Veronesi che "sbuca" dal terreno (sotto il quale sono nascosti i parcheggi) e svetta verso il cielo: grandi sbarre d'acciaio (memoria del sito precedente) con colorazioni ascendenti in direzione del chiaro (è la ripresa del concetto già espresso da Piero Bottoni nel cromatismo del Municipio sestese: dallo scuro, in basso, al chiaro, in alto, ovvero dal fascismo alla libertà). La scultura di Veronesi "prosegue" in continuum nella facciata vetrata dai colori mutanti dell'hotel progettato da Marzorati la cui hall ci offre grandi colonne che ne "bucano" il soffitto e si slanciano (come la scultura di Veronesi) verso l'alto. Sempre Marzorati ha realizzato a margine della piazza un edificio per grandi magazzini, un edificio commerciale vetrato chiuso lateralmente da due facciate ventilate e alcune residenze. Interessante la scuola di musica, corpo basso dai tetti in lamiera che riprendono il tema del capannone industriale. Ciò che più conta, comunque, è il grande spazio vuoto (ma tutto da riempire con attività sociali) della piazza, con la scultura-simbolo, quasi nuovo stemma, di Sesto che guarda avanti senza tradire il passato.

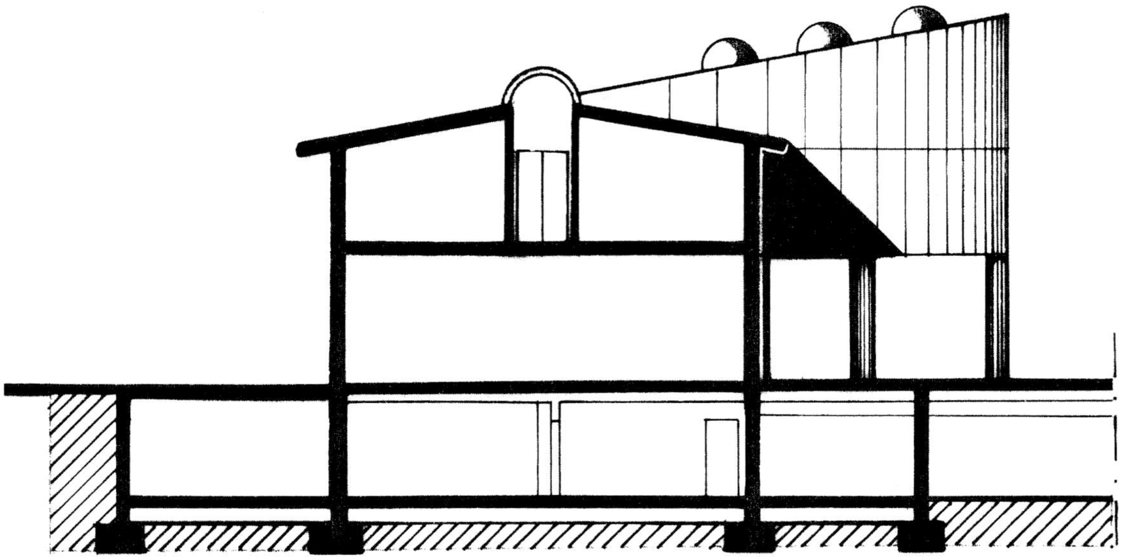

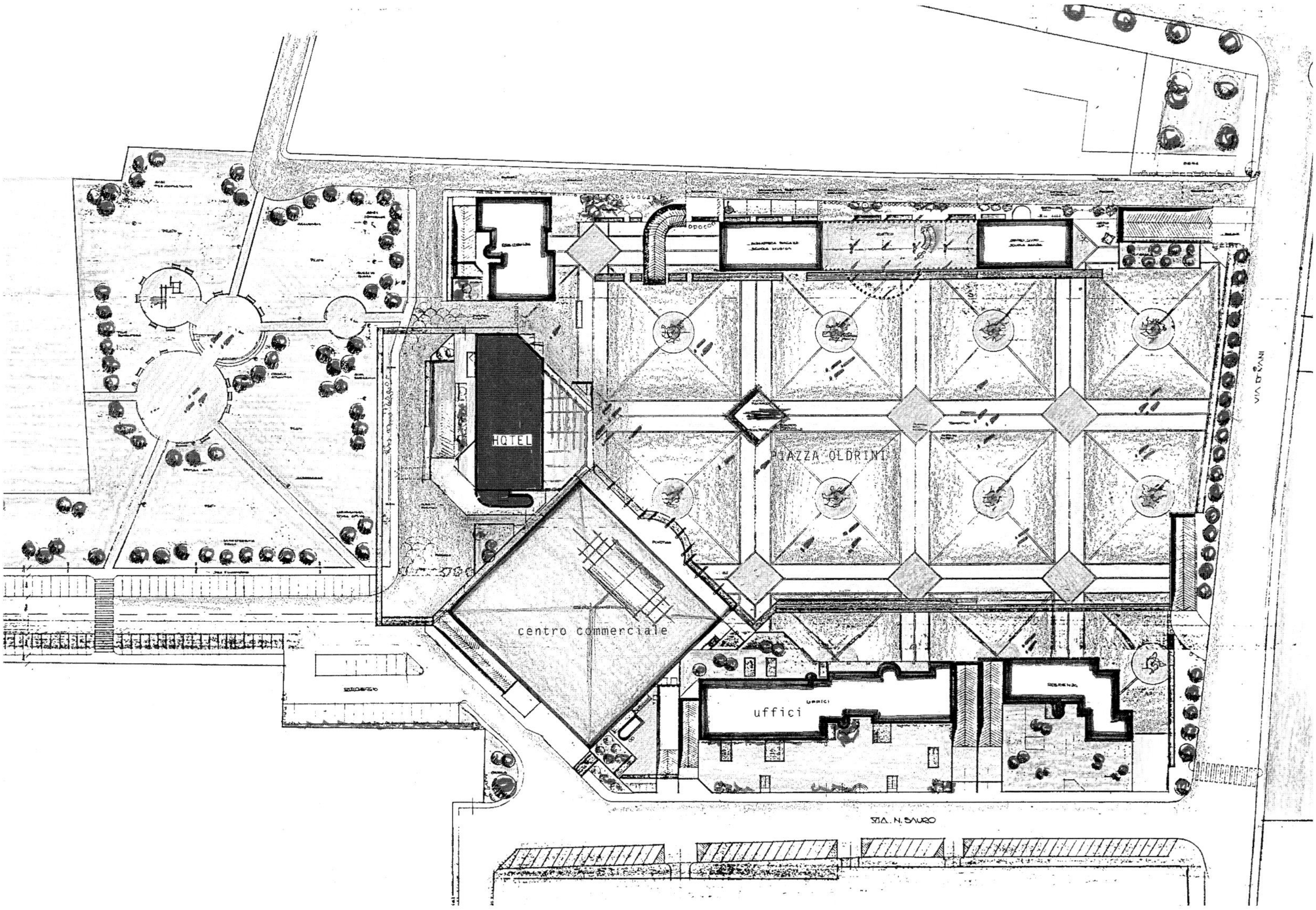

In the preceding pages, vertical elements linking the stairs and the elevators of the hotel, which have a panoramic view. Above, section of the music and dance school and site plan.

Nelle pagine precedenti, elementi verticali di collegamento scale/ascensori panoramici hotel. Sopra, sezione della scuola di musica e danza e planimetria generale.

View of piazza Oldrini.
Below, prospect of the municipal school of music and dance.
At the bottom, plans of the first floor and ground floor of the music and dance school.

Vista di piazza Oldrini. Sotto, prospetto della scuola civica di musica e danza. In basso, piante del primo piano e del piano terra della scuola di musica e di danza.

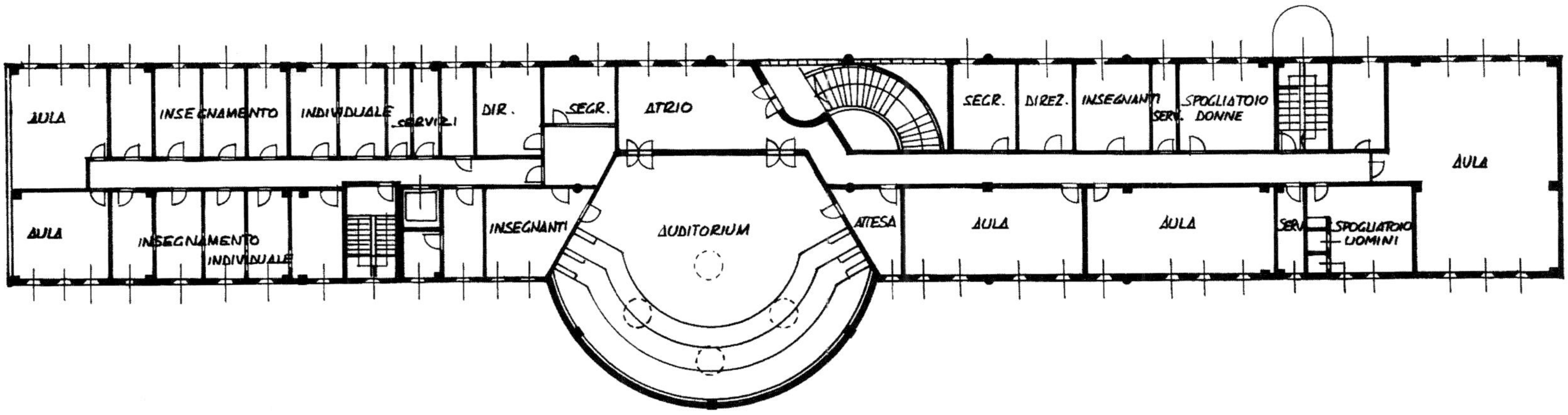

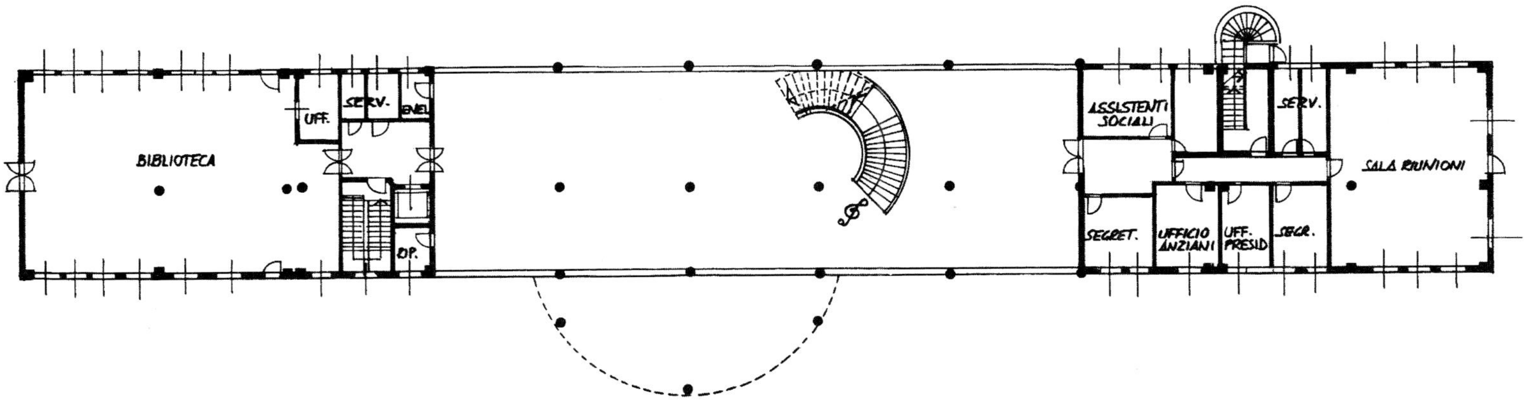

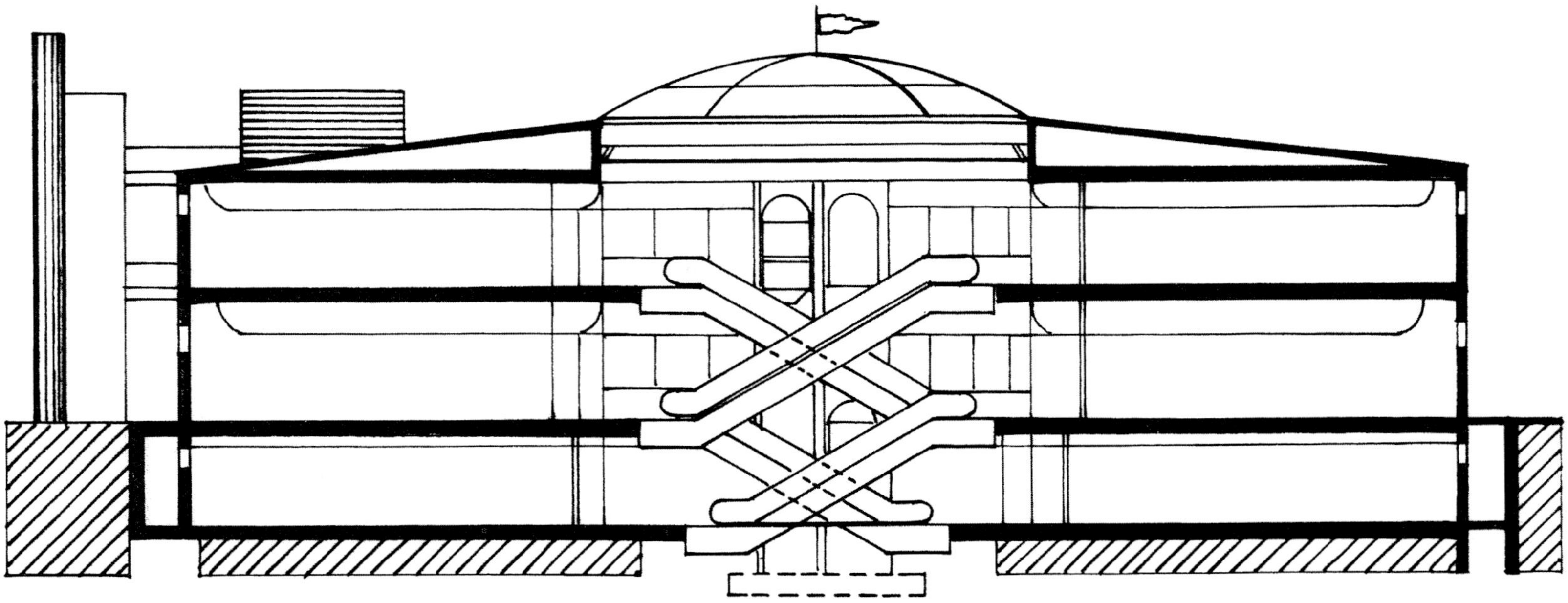

From top to bottom, section of the shopping center, plans of the ground floor and first floor.
On the opposite page, prospect of the shopping center and the hotel on piazza Oldrini.
Dall'alto in basso, sezione del centro commerciale, pianta del piano terra e pianta del primo livello.
Nella pagina a fianco, prospetto su piazza Oldrini del centro commerciale e dell'hotel.

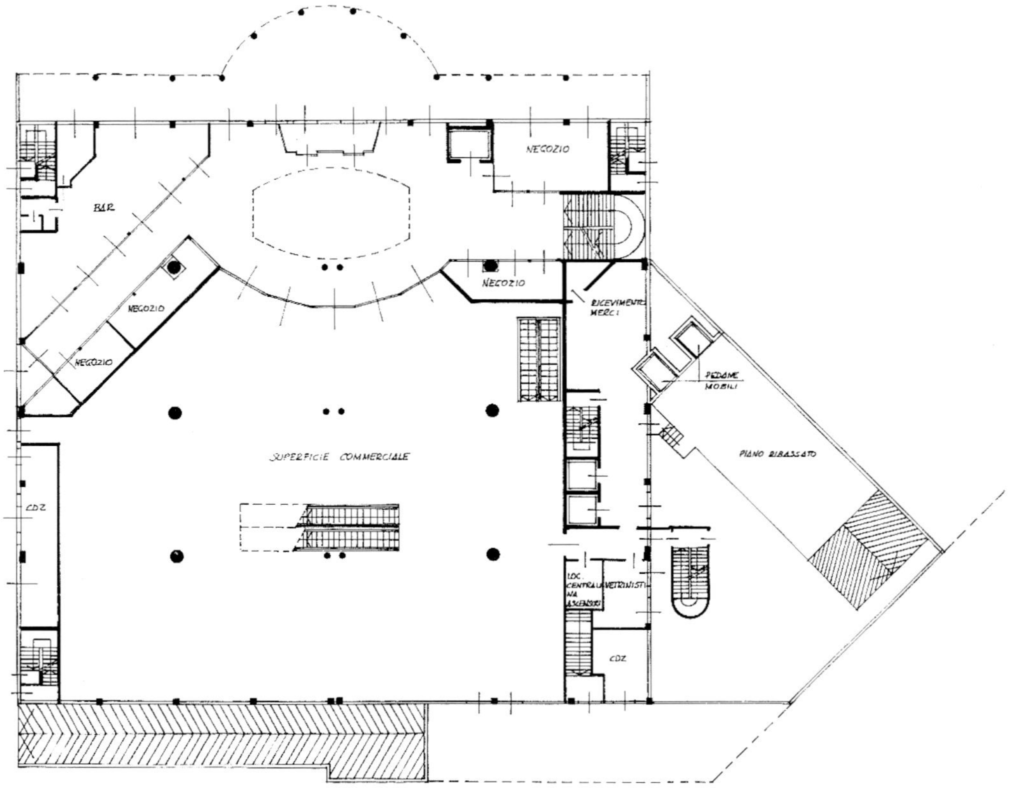

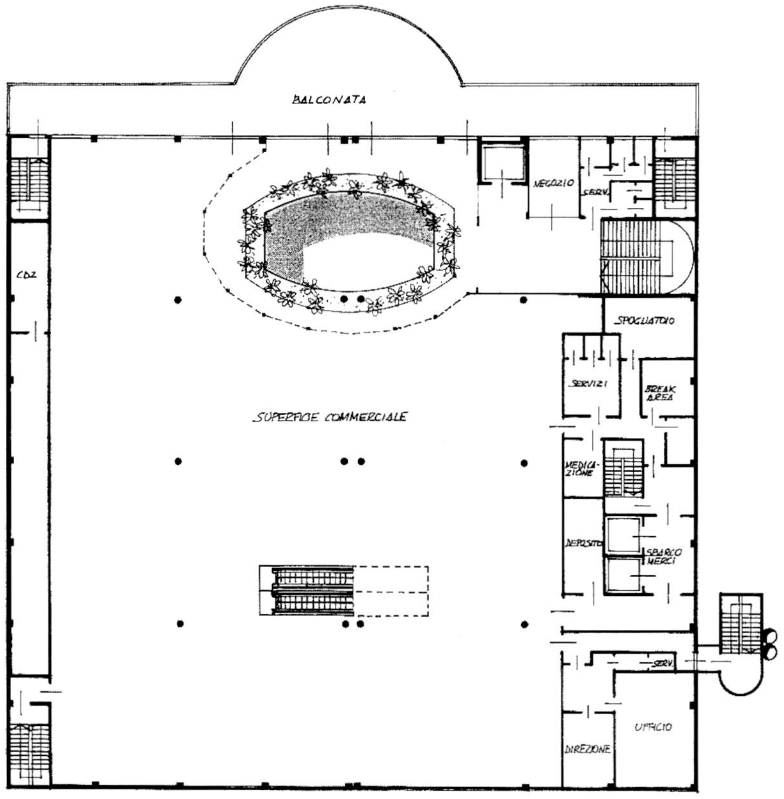

Standard plan
of a hotel floor.
Pianta di un piano tipo dell'hotel.

Plan of the pilotis
floor of the hotel.
Pianta del piano pilotis dell'hotel.

Below, vertical section
of the hotel.
In basso sezione verticale dell'hotel.

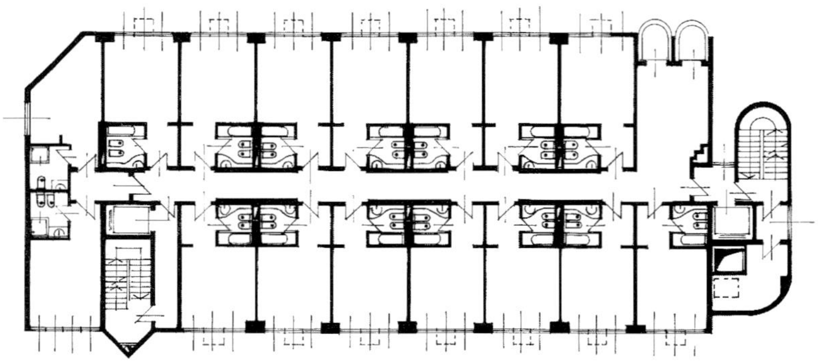

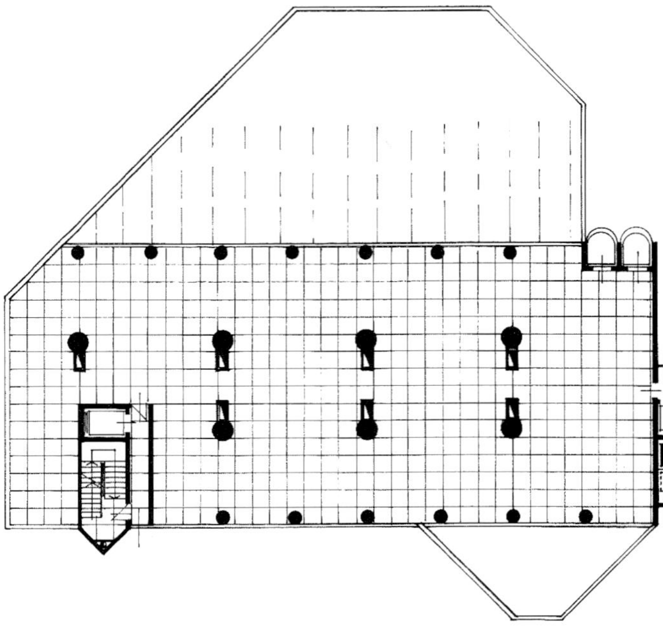

On the opposite page, plan of the last floor, technical layout and plan of the hotel roofing, façade of the hotel on piazza Oldrini.
Nella pagina a fianco, pianta dell'ultimo piano, pianta del piano tecnico e della copertura dell'hotel, facciata dell'hotel sulla piazza Oldrini.

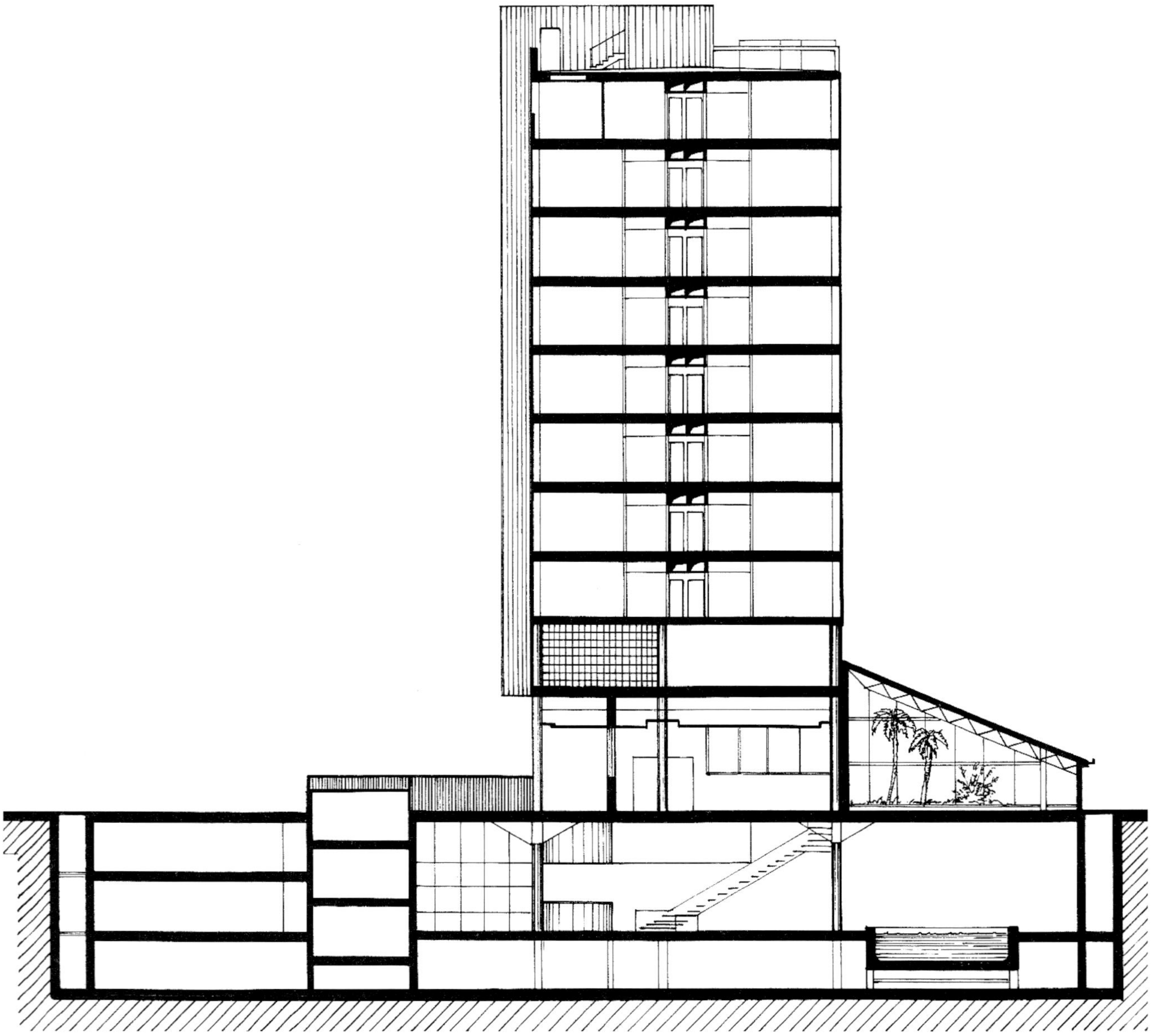

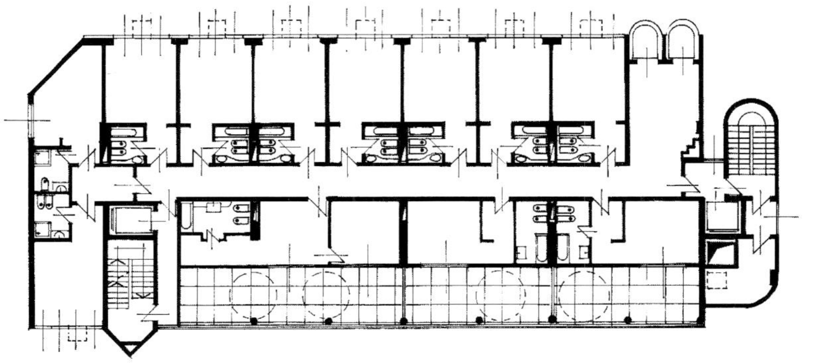

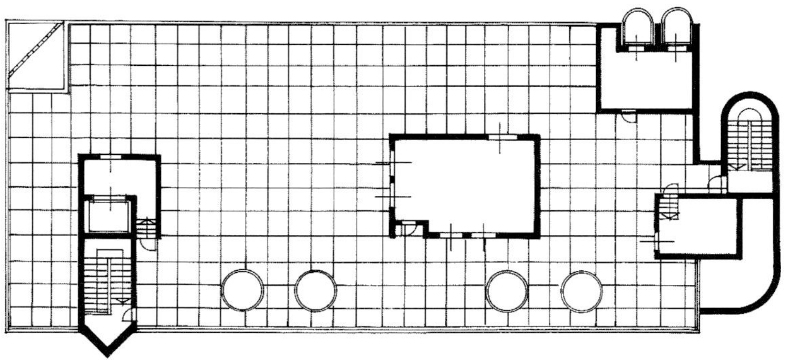

The office building seen from piazza Oldrini.
L'edificio per uffici visto da piazza Oldrini.

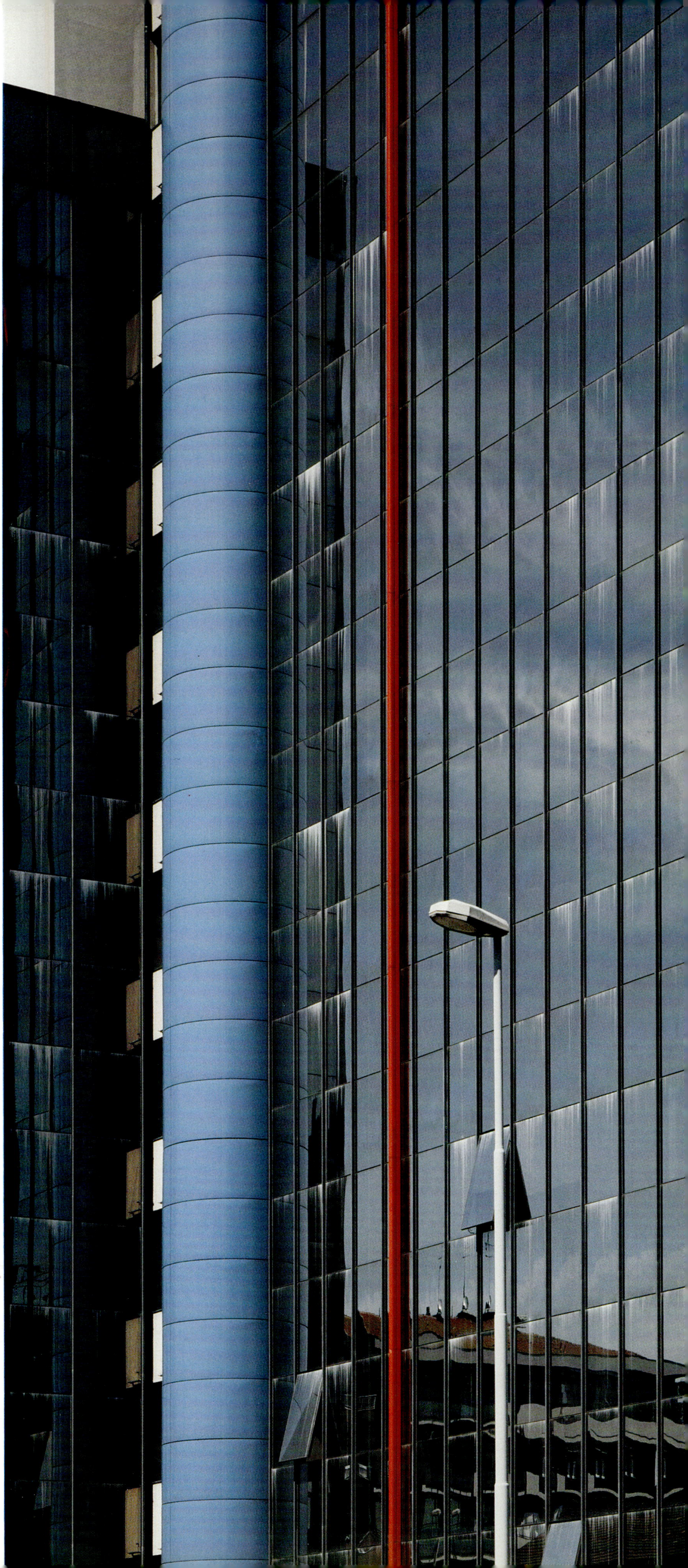

Detail of the glazed façade of the office building.
Particolare della facciata vetrata dell'edificio per uffici.

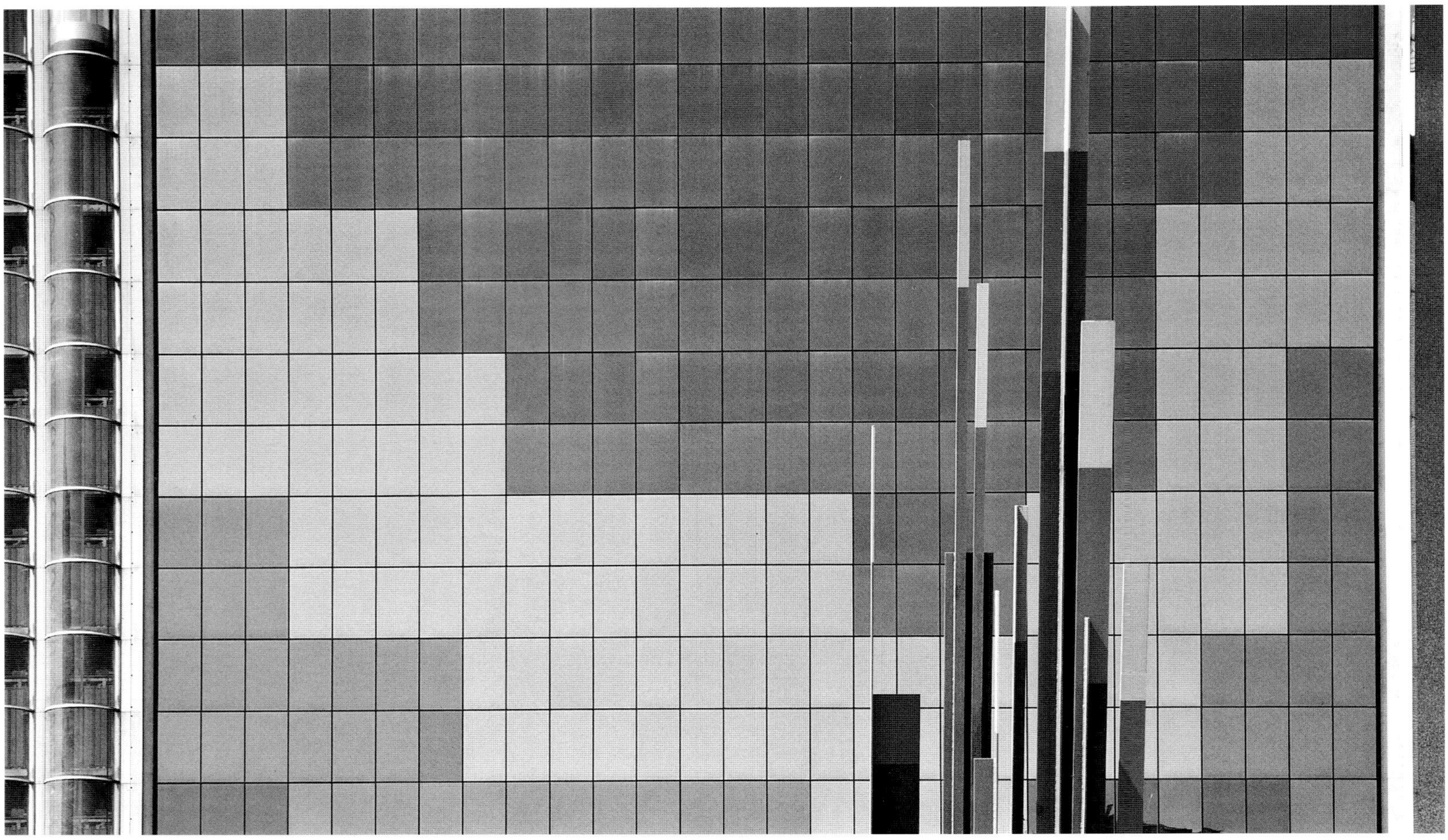

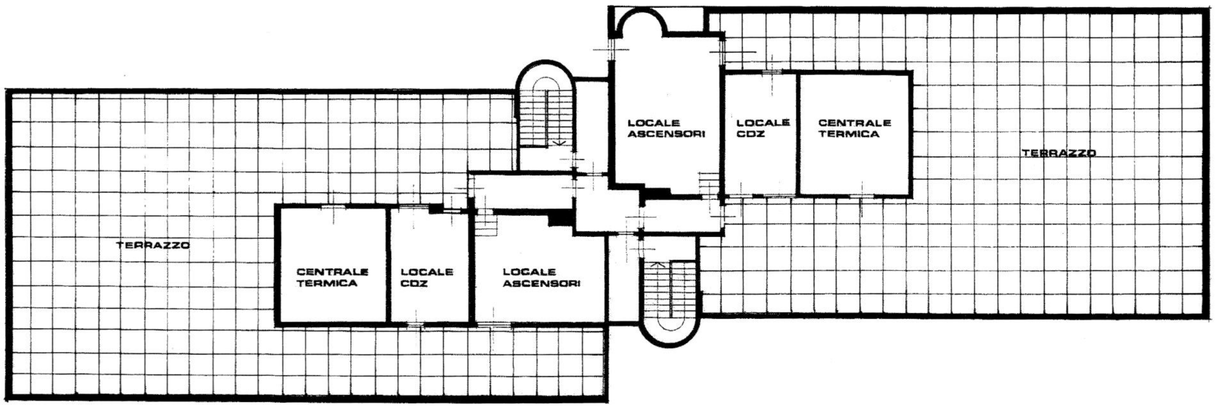

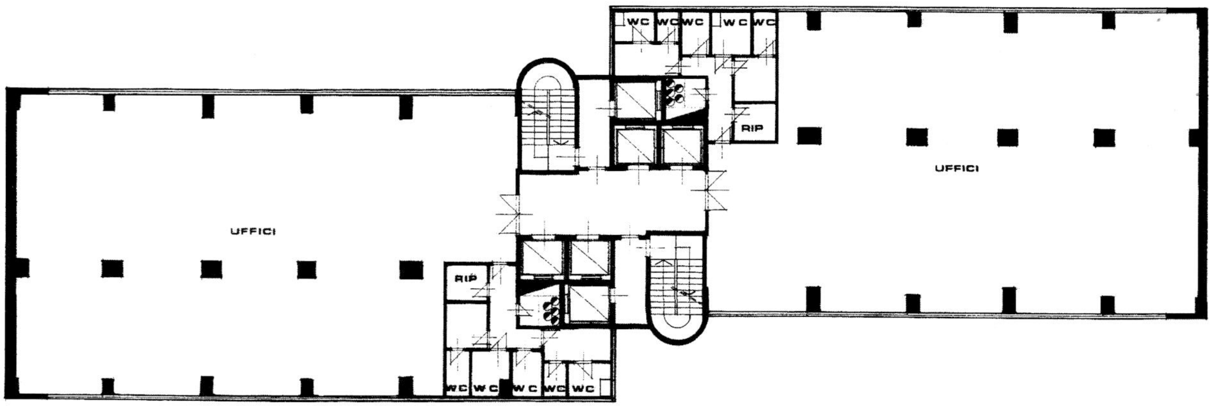

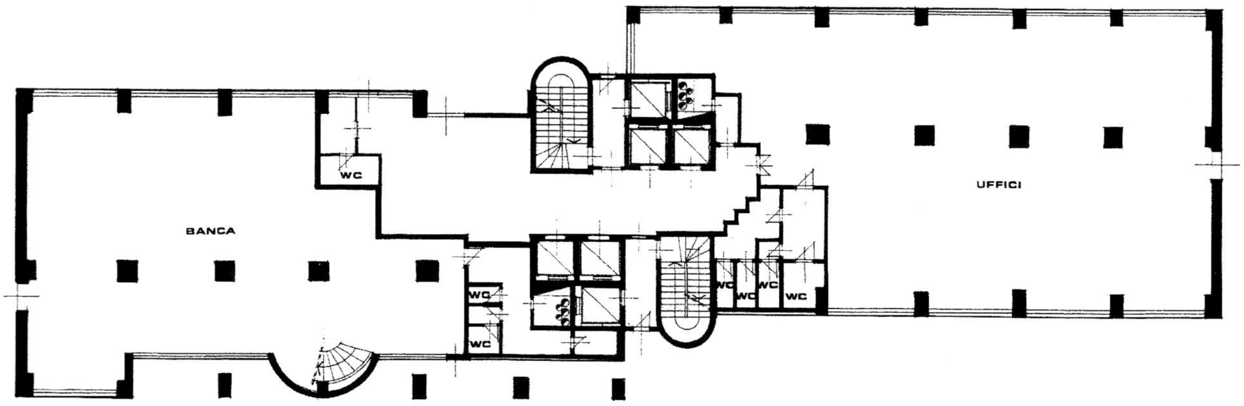

Above, detail of the façade of the hotel. On the left, from top to bottom, plan of the roof, standard plan and plan of the ground floor of the office building.

Sopra, particolare della facciata dell'hotel. A sinistra, dall'alto in basso, piante della copertura, di un piano tipo e del piano terra dell'edificio per uffici.

View of the office building.
Vista del palazzo per uffici.

Below, section of the office building.
Sotto, sezione del palazzo per uffici.

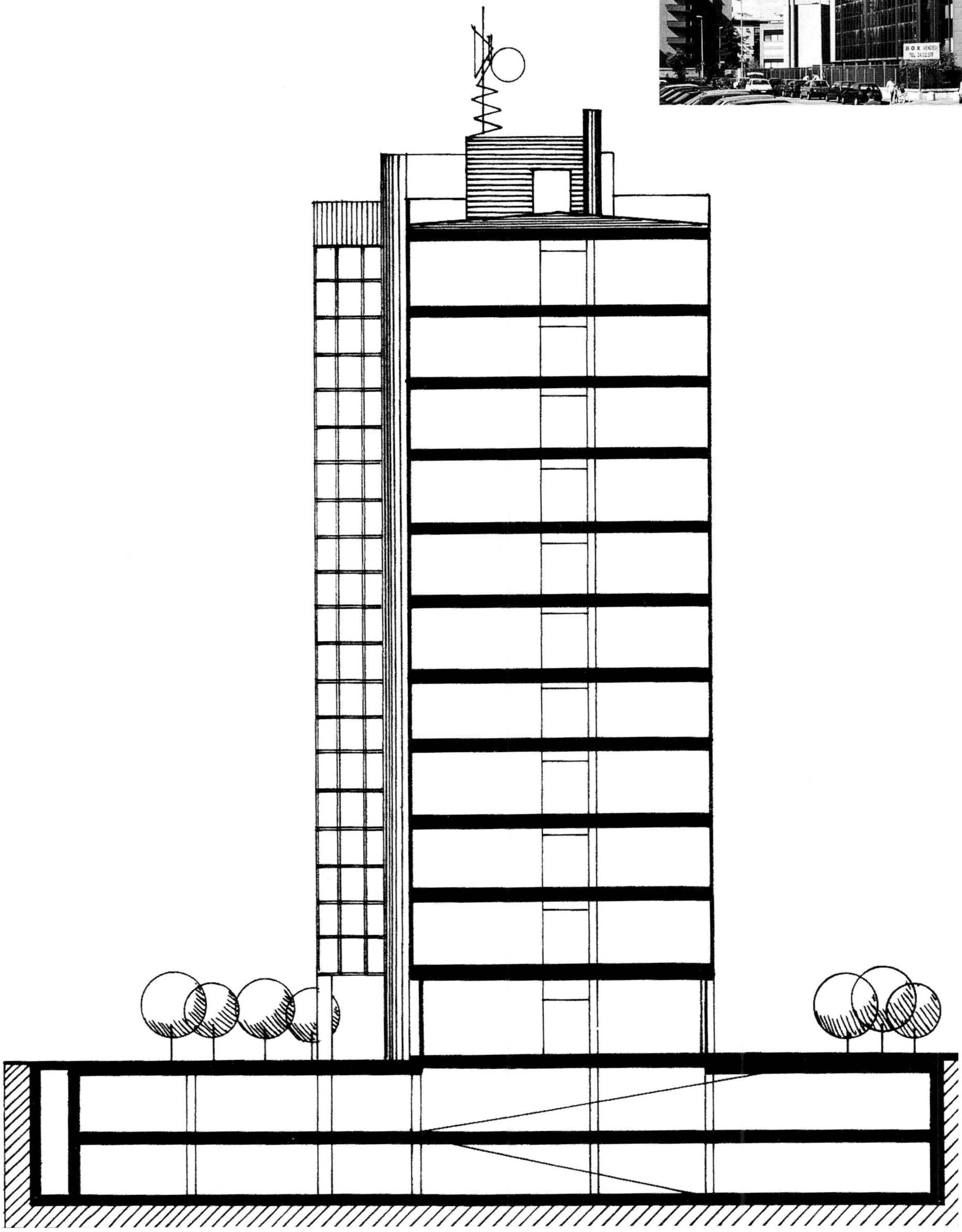

PALASESTO
PALASESTO

Palasesto
Sesto San Giovanni, Italy

On a purely formal level, the main element for recognizing Sesto San Giovanni's indoor stadium is undoubtedly its "wavy" roof. This gives the stadium an important role, endowing it with character. But the structure, built upon a 40,000 - meter green area in what today can be considered a downtown district, is recognizable for other aspects, as well. A special technical feature which is quite rarely found in Italian indoor stadiums clearly identifies the construction: acoustic optimization.

Although acoustics is generally a complex adaptation to the status quo, Marzorati analyzed this aspect, in the very first stages of planning. The Palasesto was, in fact, designed for music, and not only for sport; in fact, it was inaugurated with a concert by the chamber group of Teatro alla Scala, which confirmed the stadium's eccellent acoustics. It's obvious that avoiding too much echo is strictly connected to the conformation of the roofing; in this case, the wavy roof constitutes an excellent acoustic feature, and, furthermore, gives the construction a special place in the skyline of the urban landscape. Within the construction, the irregularity of the roofing greatly contributes to distributing and deviating the reflections created by the sound waves which are directed towards the cement stands.

Naturally, before construction, the entire acoustics of the building were tested through computer simulations. The outside walls are made of hollow bricks interposed with mineral wool. All the walls have windows, which ensure a fair amount of natural light during the day and provide visibility, or interaction between what's going on inside the building and what is happening outside. Finally, Sesto San Giovanni's consolidated interest in sports is not betrayed by the stadium, which is provided with sports ground that can be used for volleyball and tennis, fencing and boxing, bowls and judo, thus creating a sort of community of interests among athletes from different fields.

Sul piano puramente formale, il principale elemento di riconoscibilità del Palazzetto dello Sport di Sesto San Giovanni è, senza alcun dubbio, la copertura "a onda" che gli fornisce un ruolo di emergenza caratterizzante del luogo. Ma esiste un'altra forma di riconoscibilità in questa struttura realizzata su una lingua verde da 40.000 metri quadri in quello che oggi può considerarsi a tutti gli effetti centro città. Si tratta di una riconoscibilità, o meglio di una particolarità, più strettamente tecnica e assai rara nella casistica di palazzetti sportivi italiani: la ottimizzazione acustica.

Marzorati, a differenza che in altri casi in cui quello acustico è stato un complesso adeguamento dello status quo, ha analizzato questo aspetto come primo approccio alla progettazione. Il Palasesto, infatti, è stato ideato con lo scopo di ospitare musica e non solo sport, tanto da essere stato inaugurato da un concerto dei Cameristi del Teatro alla Scala che ne hanno verificato le eccellenti sonorità.

Evitare la formazione di alti tempi di riverberazione sonora è, com'è ovvio, un problema strettamente legato alla copertura, in questo caso proprio a quella copertura ondivaga che segna il manufatto anche nello sky-line del paesaggio urbano. L'irregolarità della copertura contribuisce non poco a scomporre e a deviare nell'ambiente interno le riflessioni create dalla proiezione del suono diretto sulle gradinate in cemento.

Naturalmente l'intera acusticità dell'edificio è stata sperimentata, prima della costruzione, attraverso simulazioni al computer. Le murature perimetrali, in mattoni, sono a cassa vuota con lana di roccia interposta mentre un giro completo di finestrature garantisce, oltre che un'illuminazione discretamente naturale nelle ore diurne, la visibilità, ovvero il rapporto fra ciò che avviene all'interno dell'edificio e ciò che avviene fuori. La consolidata tradizione sportiva sestese, infine, non viene tradita dal palazzetto, dotato di un campo che può accogliere la pallavolo come il tennis, la scherma come il pugilato, le bocce come il judo: creando così anche una sorta di comunanza fra atleti di differenti discipline.

In the preceding pages, general view of the Palasesto.
In this page, above, cross section.
Below, plan of the ground floor with the sports field.

Nelle pagine precedenti, vista generale del Palasesto.
In questa pagina, sopra, sezione trasversale.
Sotto, pianta del piano terra con il campo di gioco.

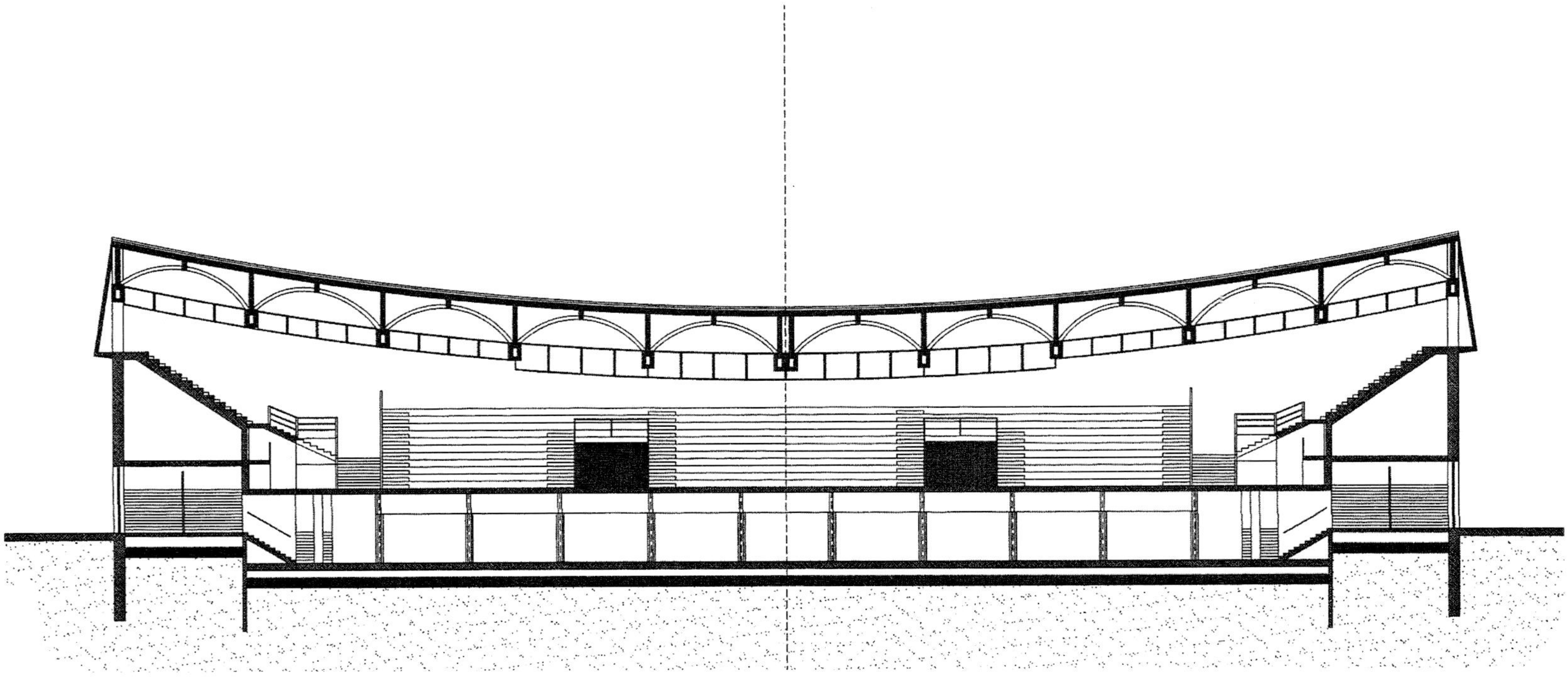

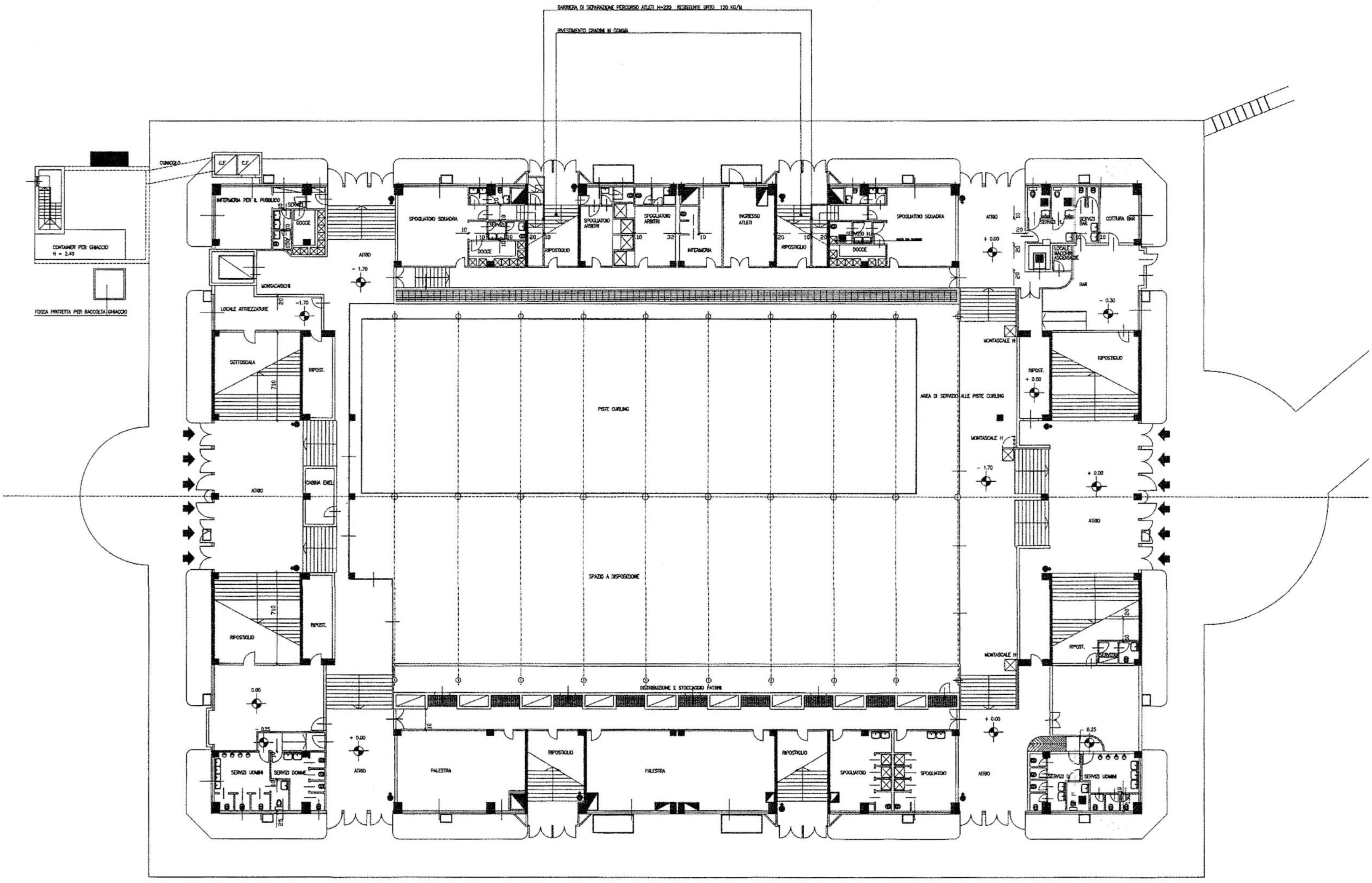

Side façade.
La fronte laterale.

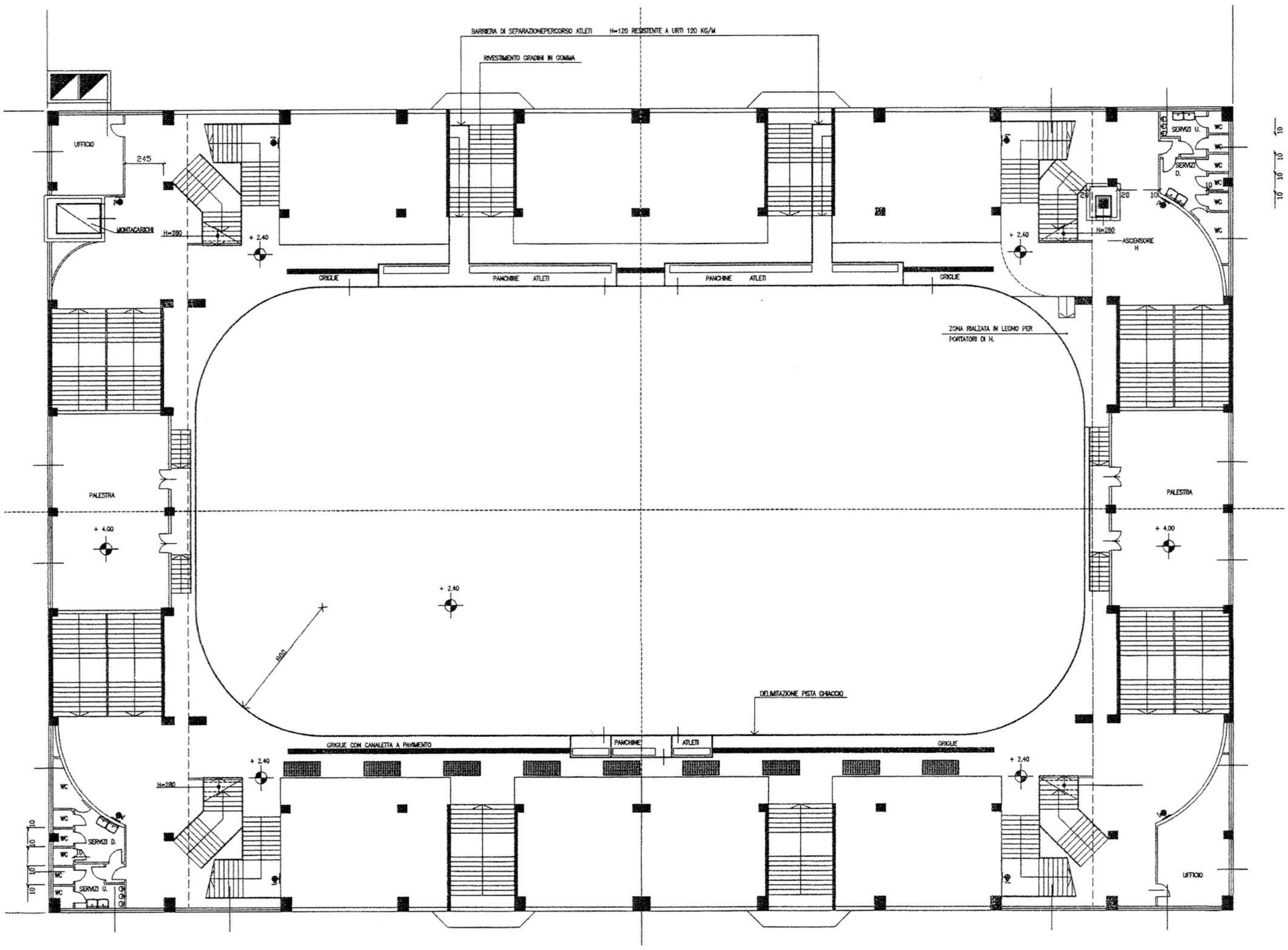

Plan of the entrance level.
Pianta del livello ingresso.

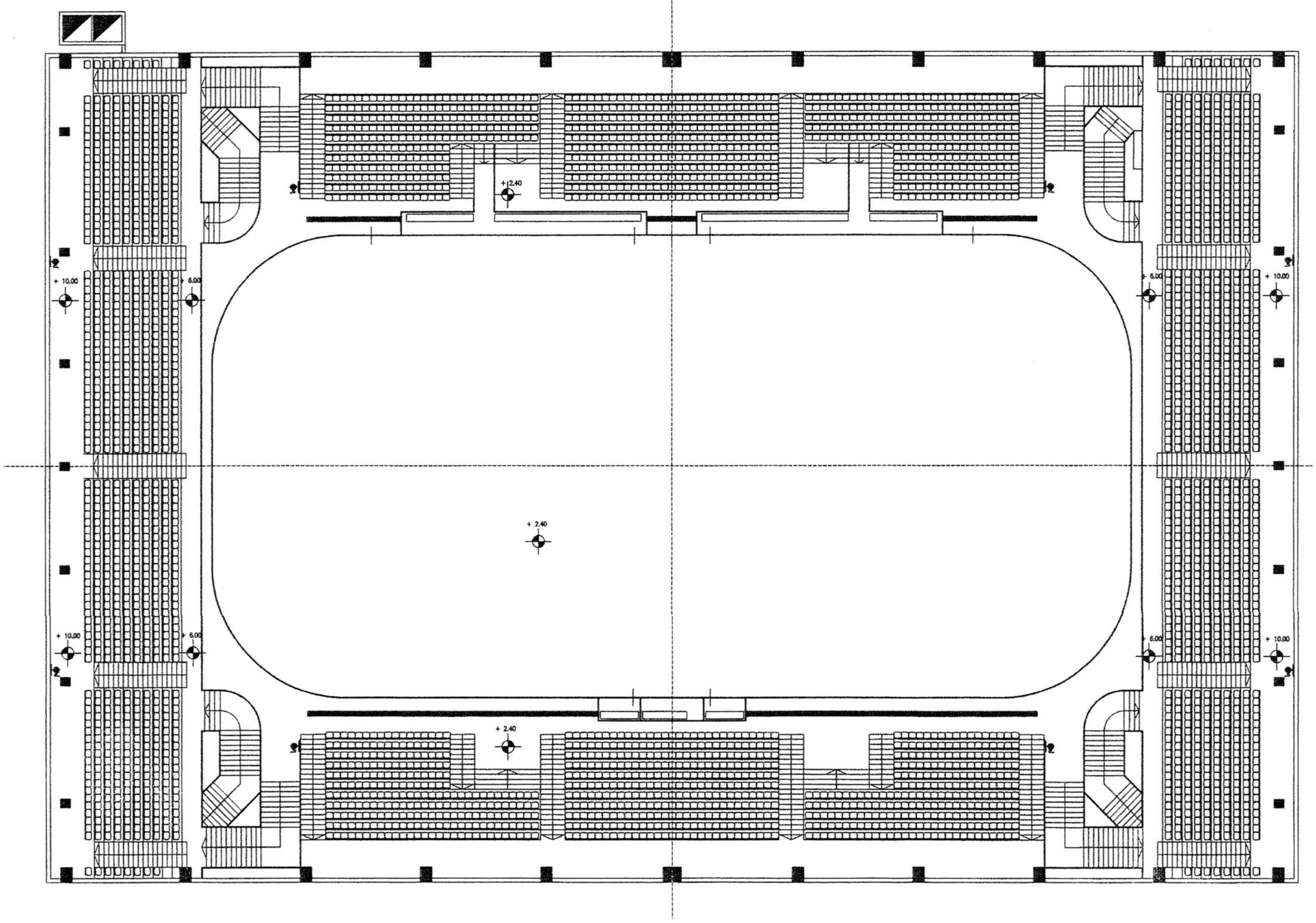

Plan of the public stands.
Pianta delle gradonate per il pubblico.

Interior of the Palasesto.
Gli interni del Palasesto.

coop

Piazza don Mapelli
Sesto San Giovanni, Italy

The Suspended Tower is the consolidated symbol of the new Sesto San Giovanni; it characterizes a city which is being swept away by an unrestrainable metamorphosis in production: from heavy to high value-added service industry.

Precisely where the tower designed by Marzorati (who availed himself of the experience of the structural engineer Francesco Martinez y Cabrera) rises today, there used to be the Marelli factory. The building is not isolated, but on the contrary, is well integrated in a totally new business and service area (piazza Mapelli). It is flanked by another low, round tower which is firmly anchored to the ground. Formally, this structure is in contrast with the "hanging" tower, affording a "compressed" visual effect. The horizontality of the whole is ensured by a third building Alitalia offices, in which the designer doesn't abandon his habitual references to classical structures (an outlined tympanum and three dummy columns). The commercial arcades and square, symbolize the heart and veins of the site: the designer uses very light tensile structures for the roofing and bizarre, wavy divertissements for the ensemble. But the Suspended Tower is nevertheless the characterizing element of the entire work, and is above all a structural invention: the parallelepiped, 54 meters in height, is an immense transparent and reflecting surface, a curtain wall that appears to be suspended in the air, 6 meters above the ground. All of this gravitates and seems to rest upon a pool that surrounds the building, which helps to give the structure its "cloudlike" appearance. In actual fact, the entire building is supported by four sturdy concrete pillars, which are linked in an arch at the top and rotate at 45° from the main block of the building. But nothing is hidden - the whole of the structure is clearly visible. The overall sense of lightness is given by the lack of any kind of metal warping on the façade. Some people say the Suspended Tower shines with an aura of "Roman monumentality" due to the "pureness and simplicity" in the use of the arch. We prefer placing it in the sphere of rationalism (especially of American functionalism).

È ormai il simbolo consolidato della nuova Sesto San Giovanni, l'emergenza caratterizzante di una città "travolta" da una metamorfosi produttiva inarrestabile: dall'industria pesante al terziario avanzato. Proprio là dove sorge oggi la "Torre Sospesa", progettata da Marzorati (che si è valso dell'esperienza dello strutturista Francesco Martinez y Cabrera) e che rappresenta certamente il "fiore all'occhiello" della sua attività di architetto, c'era la Marelli e i suoi operai vestiti con l' "avajana" nera.

L'edificio non si isola, fra l'altro, dal contesto. Si inserisce, al contrario, in un'area commerciale-terziaria totalmente nuova (piazza Mapelli): è affiancato da una bassa torre rotonda che, potentemente ancorata al terreno, gli si oppone formalmente con un effetto visivo di compressione. L'orizzontalità dell'insieme è assicurata da un terzo manufatto destinato a uffici Alitalia, laddove il progettista non rinuncia ai consueti richiami classici (un timpano accennato e tre finte colonne). Gallerie commerciali e piazza pedonale rappresentano vene e cuore dell'insediamento: leggerissime sono le tensostrutture di copertura e "capricciose" alcune ondivaghe divagazioni-divertissement del progettista. La "Torre Sospesa" resta comunque l'elemento caratterizzante dell'intervento ed è soprattutto il frutto di un'invenzione strutturale: il parallelepipedo, alto 54 metri, è un'immensa superficie trasparente e riflettente curtain wall *che pare, appunto, "sospesa" nel vuoto alla quota di 6 metri da terra. Per di più il tutto "gravita" su una vasca d'acqua circostante, espediente che contribuisce a fornire all'edificio l'effetto-nuvola.*

In realtà sono quattro robusti pilastri in calcestruzzo raccordati ad arco in sommità e ruotati di 45 gradi rispetto al blocco a sostenere il tutto.

Senza ridicoli mascheramenti, però: il gioco c'è e si vede. Alla sensazione di leggerezza dell'insieme contribuisce certamente la mancanza di qualsiasi orditura metallica in facciata. Qualcuno ha voluto conferire alla "Torre Sospesa" un'aurea di "monumentalità romana" per la "purezza e la semplicità" nell'uso dell'arco.

Noi preferiamo riportare l'opera nell'ambito delle suggestioni razionaliste (soprattutto americane).

In the preceding pages, the Suspended Tower, and in the background, the other office buildings. Below, general plan. On the right, general view of the buildings in piazza Mapelli.

Nelle pagine precedenti, la Torre Sospesa e, sullo sfondo, gli altri edifici per uffici. Sotto, planimetria generale. A destra, vista d'insieme degli edifici di piazza Mapelli.

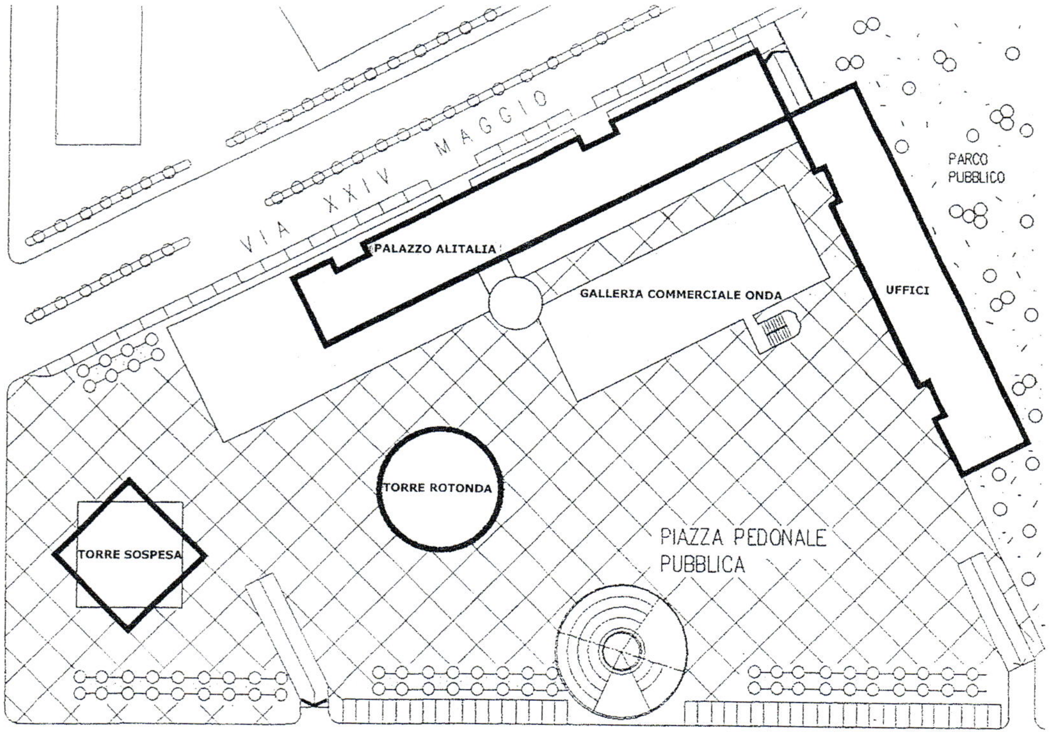

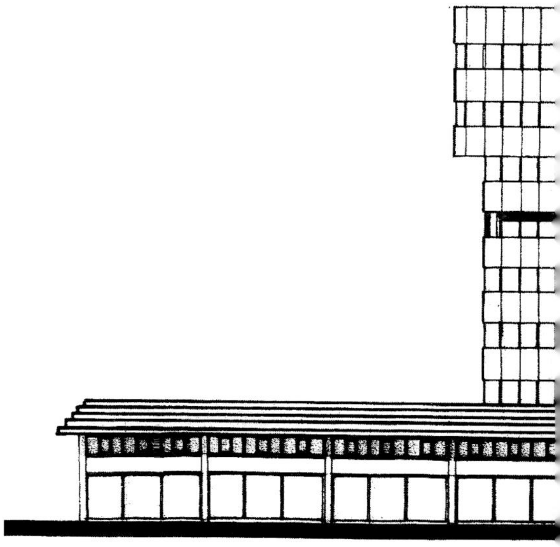

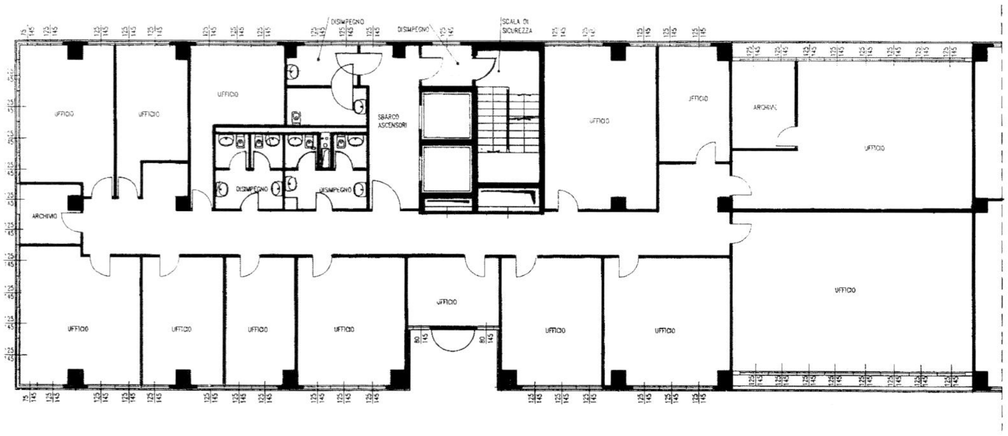

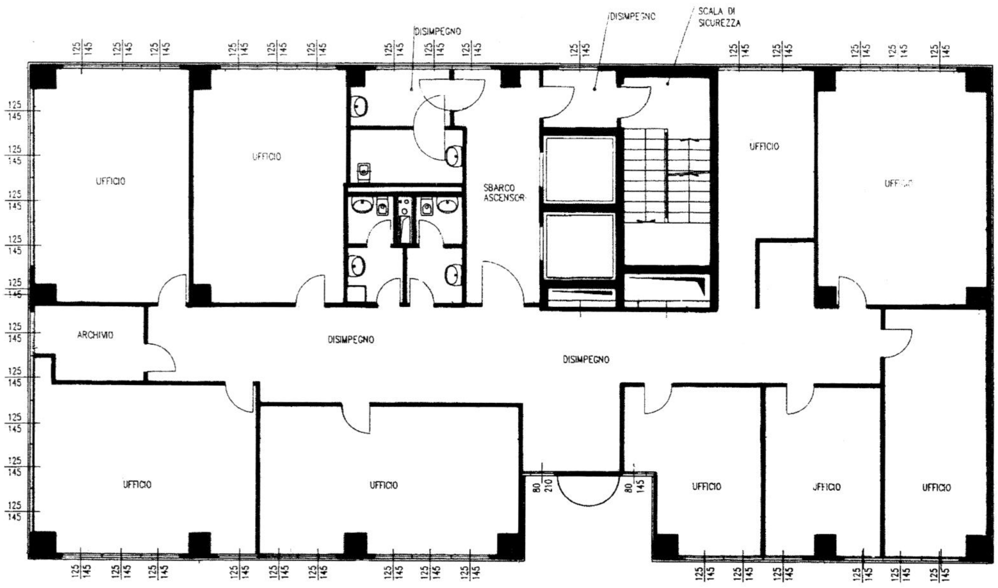

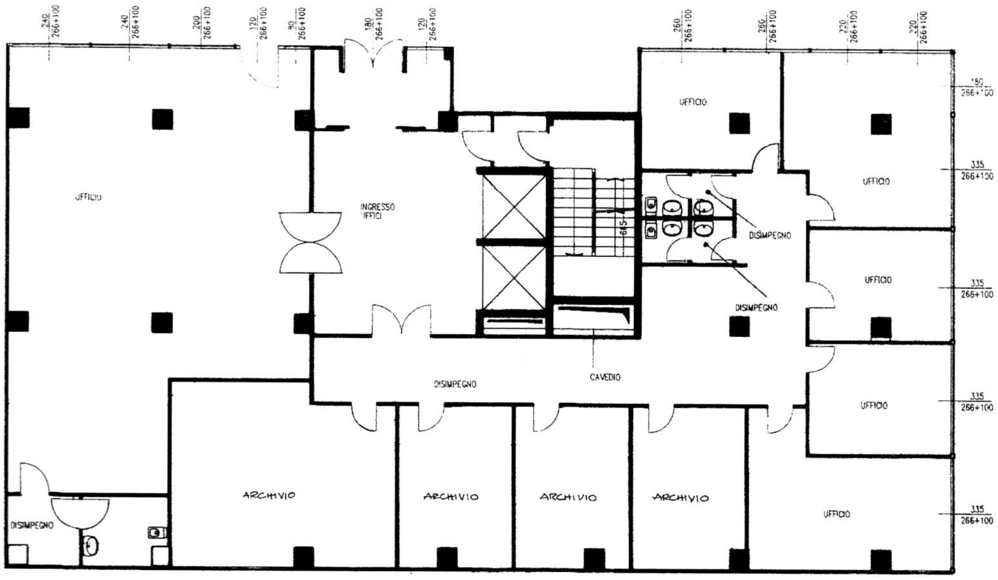

Standard plans of the office building plots. Above, prospect of the Alitalia site on piazza Mapelli. On the right, views of the buildings from the park.

Piante del lotto tipo del fabbricato per uffici. Sopra, prospetto su piazza Mapelli della sede Alitalia. A destra, viste degli edifici dal giardino pubblico.

italia

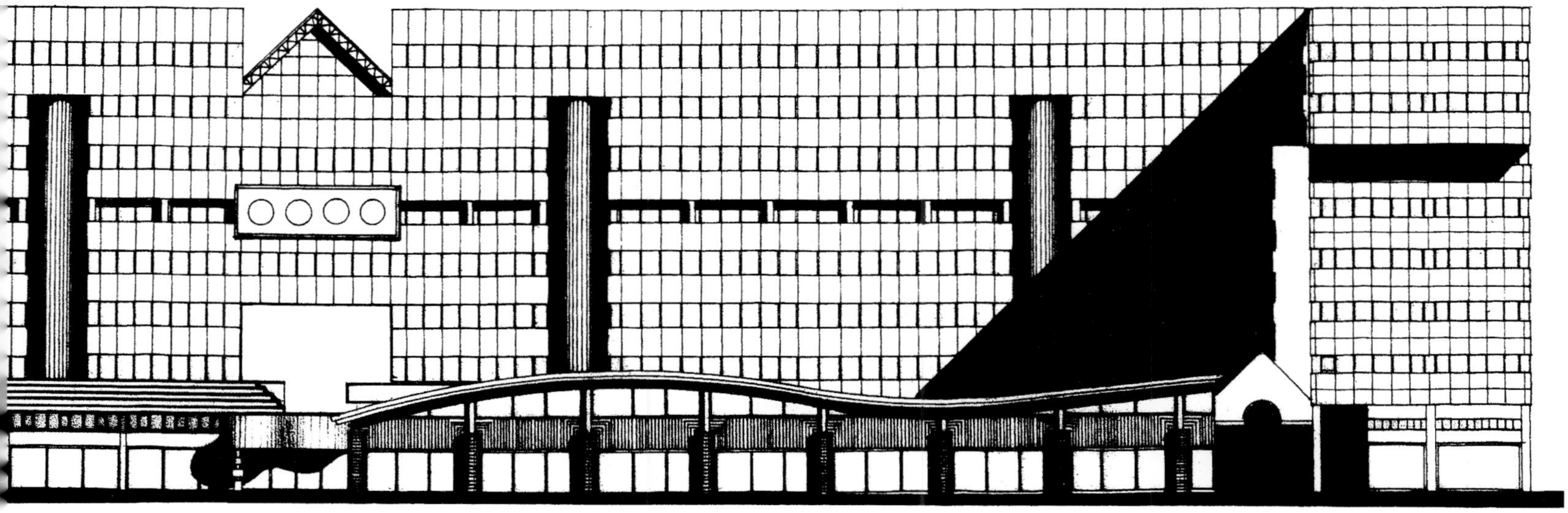

Below, plan, and on the right, general view of the Circular Tower.
Sotto, pianta e, a destra, vista generale della Torre Circolare.

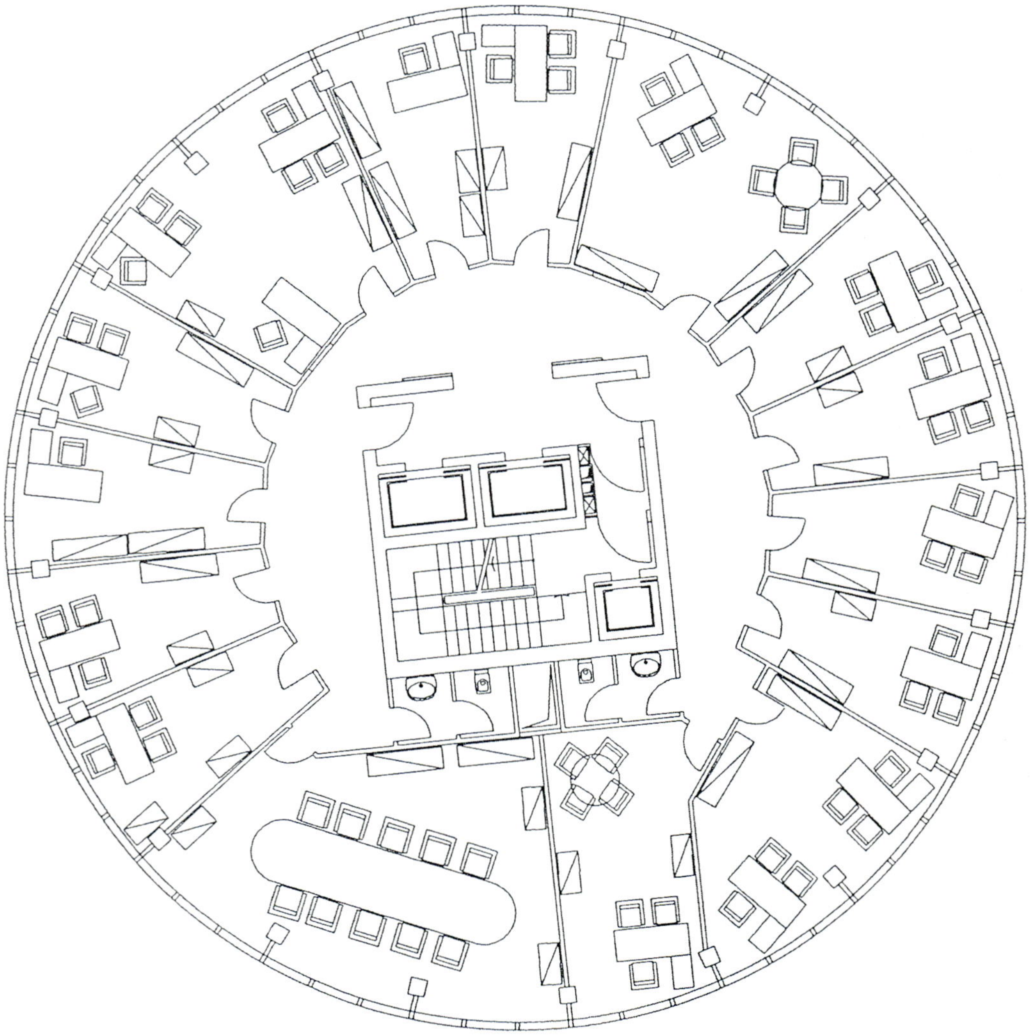

Lease Plan

Ristorante

On the opposite page, detail of the base of the Circular Tower with partial view of the "wavy" department store building.
Below, view of the shopping arcade.

*Nella pagina a fianco, particolare della base della Torre Circolare con scorcio del fabbricato commerciale a "onda".
Sotto, vista della galleria commerciale.*

Detail of the entrance to the foot of the Suspended Tower, with the pool at the front. On the opposite page, view of the Suspended Tower from the square; in the foreground, the sculpural elements that mark the entrance to the department store building.

Particolare dell'ingresso al piede della Torre Sospesa con lo specchio d'acqua antistante. Nella pagina a fianco, vista dalla piazza della Torre Sospesa; in primo piano, gli elementi scultorei che segnano l'ingresso dell'edificio commerciale.

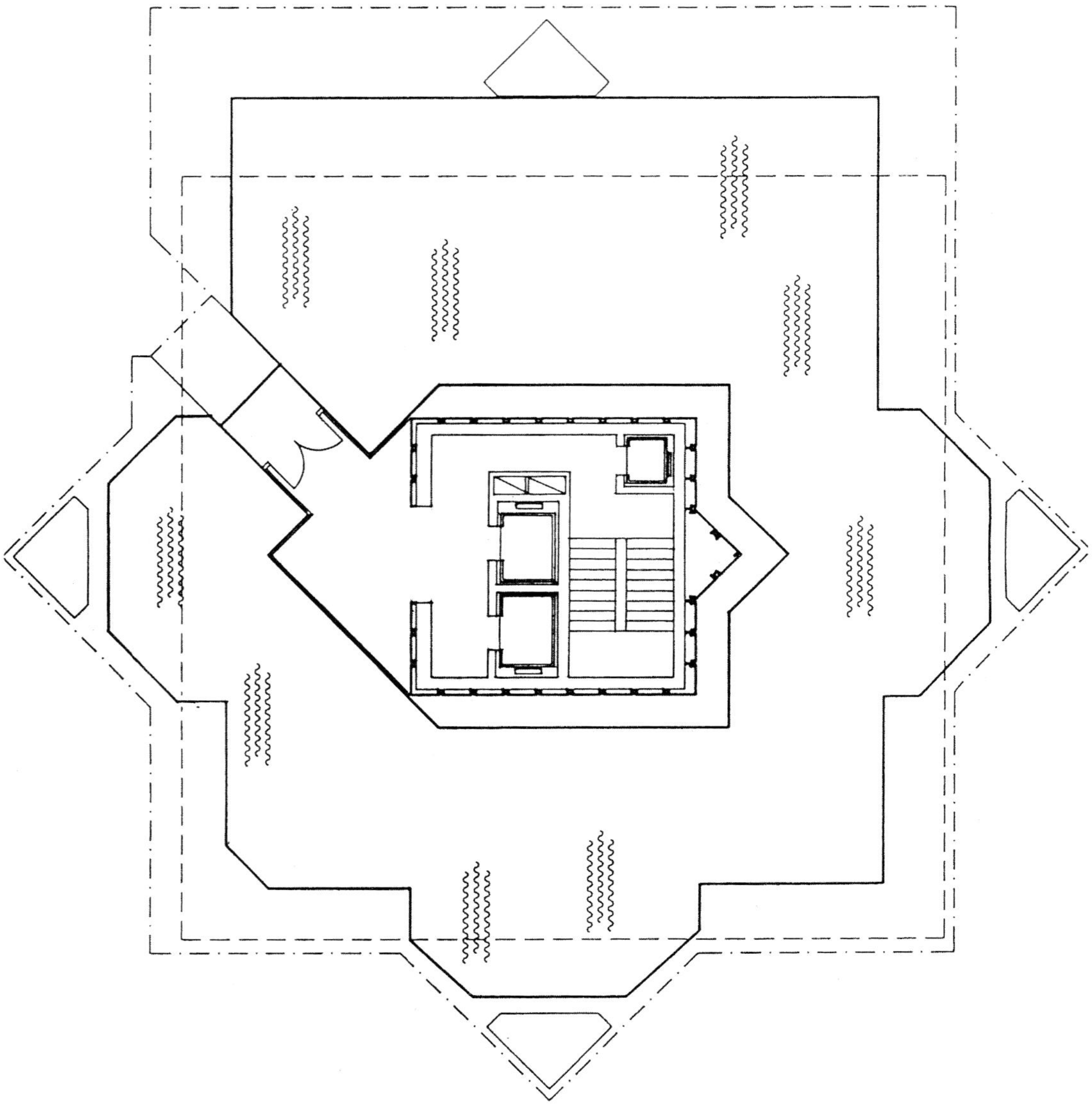

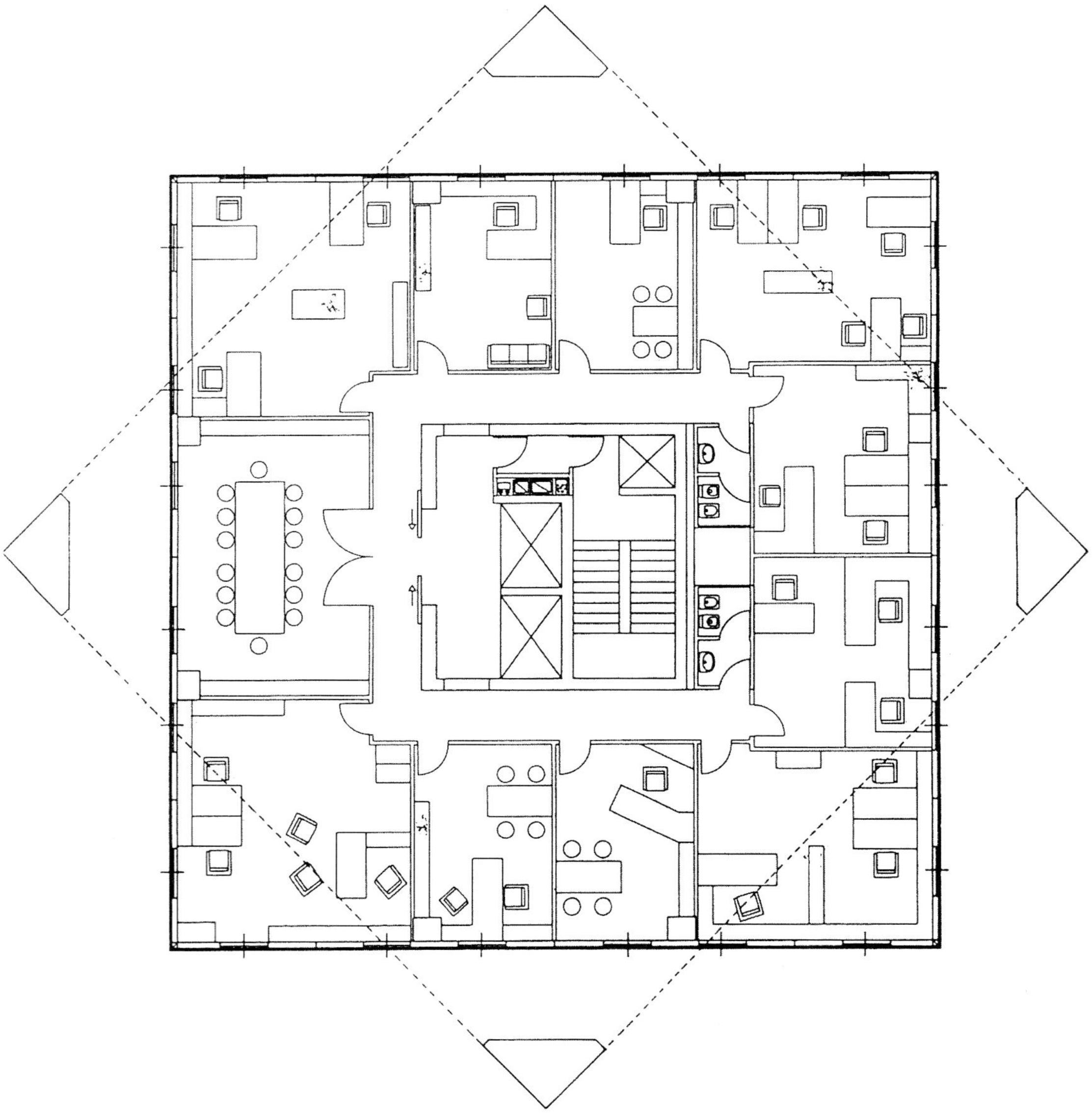

Plan of the ground floor.
Standard plan
of a floor of the
Suspended Tower.
Pianta del piano terra.
Pianta del piano tipo
della Torre Sospesa.

Details of the façade; below, section of the Suspended Tower. In the following pages, elevation of the Suspended Tower with detail of the air grating in the underground parking area and night view.

Particolari della facciata e, sotto, sezione della Torre Sospesa. Nelle pagine seguenti, elevato della Torre Sospesa con particolare della griglia di areazione dei parcheggi interrati e vista notturna.

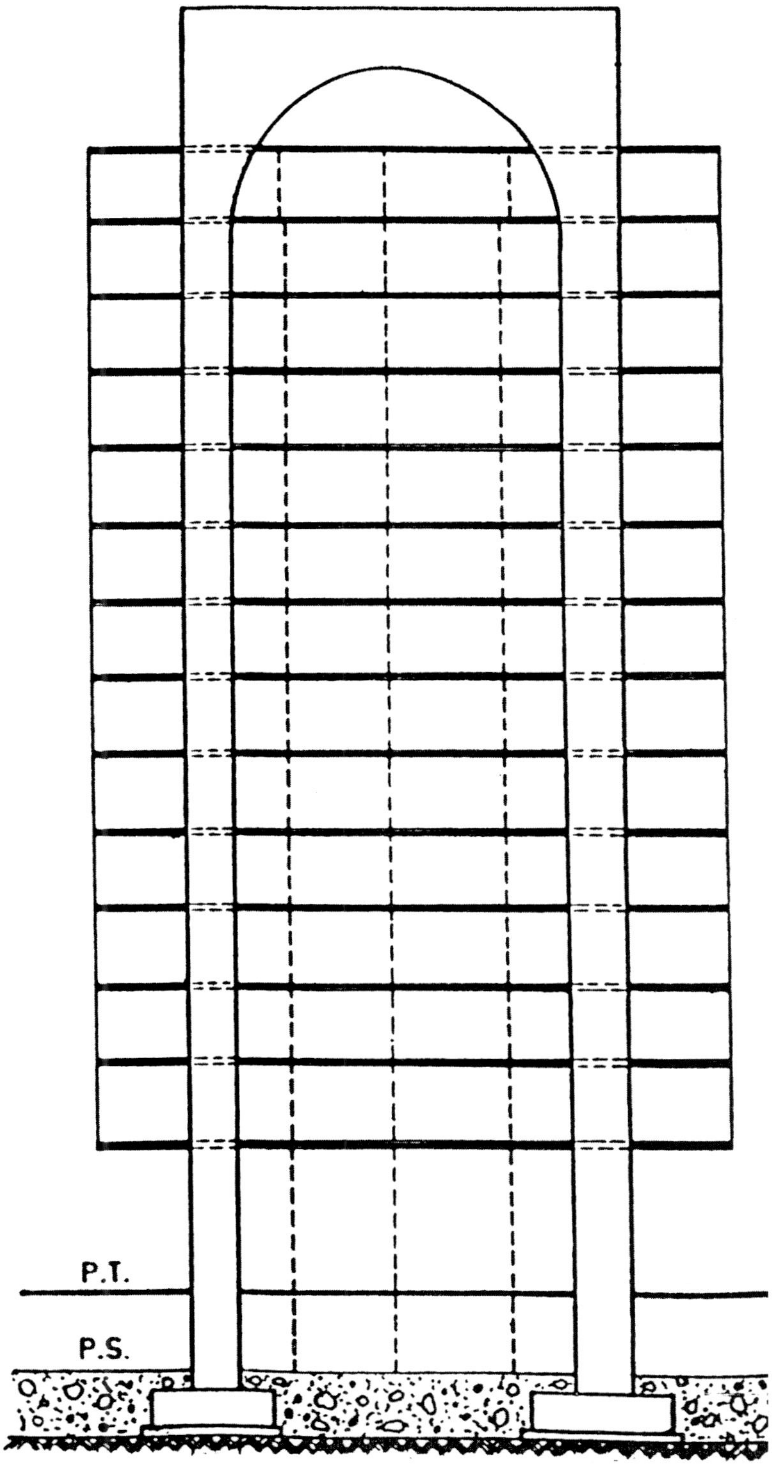

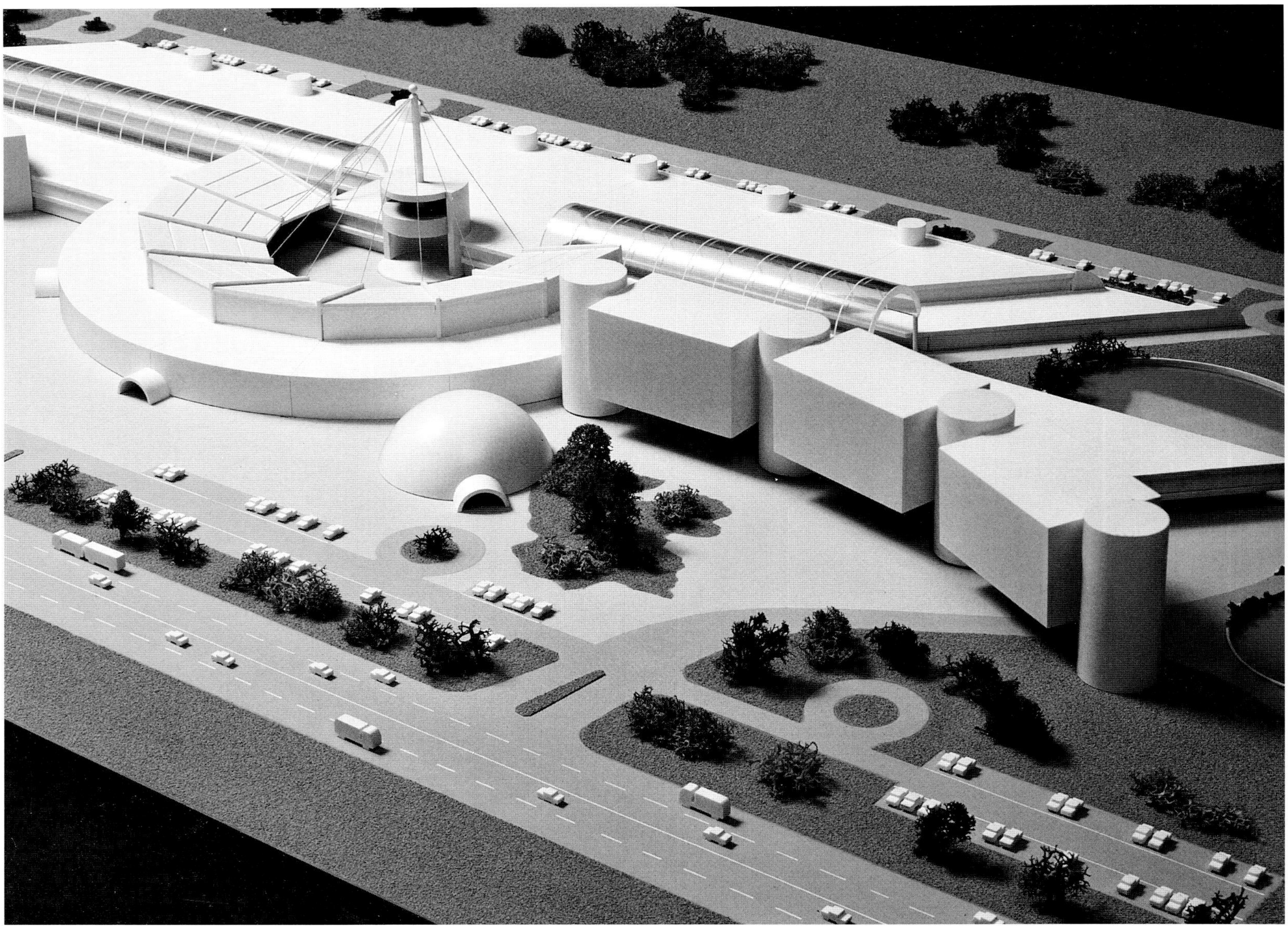

Oasi
Cinisello Balsamo, Italy

The definition of oasis is: "an area in a desert region, having a spring or well, where vegetation can grow, thus constituting a favorable environment for man", and in a wider sense, "a haven, a refuge from continuously unpleasant or oppressive events in time and space."

It is not by chance, therefore, that Giancarlo Marzorati gave the name *Oasi* (Oasis) to a plan for a zone bordering the agricultural areas close to the Parco del Grugno Torto. These areas separate Cinisello Balsamo from Nova Milanese and Paderno Dugnano, and lie north-west of the built-up zone. The objective was to make a new settlement for the creation of a social area that could offer the public "a colorful and vital environment at any time of day, and on any day of the week, where people" could be "stimulated in different ways to take advantage of an outside area, by enjoying music (which softly accompanies the routes to be followed), art, instruction regarding the agricultural world, respect for the environment, biotechnologies and botany, water games, drama and the cinema."

Whoever knows Milan, and particularly the Cinisello area, knows how "continuously unpleasant or oppressive events in time and space" are a daily constant in that "desert", where in the place of sand, an often wild and dehumanizing urbanization reigns. This is a phenomenon that the Oasi should be able to alleviate. Through an interpretation of the architecture of the plan (which extends over 150,000 square meters) we become aware that much attention is placed on a balance between the number of buildings and the environment holding them: the structures are low and fit in well with the verdure around them. The only construction which rises above the others is a modest tower which through very light tensile structures is anchored to a low amphitheater-like building. The latter is a recurring element in Marzorati's classical cultural references.

Definizione di oasi: "Area limitata, situata all'interno di un deserto in corrispondenza di una certa disponibilità d'acqua, dove si può formare vegetazione e quindi un ambiente favorevole all'insediamento umano" e, per estensione, "quanto offre sollievo o ristoro dell'assiduo ripetersi di fatti sgradevoli od opprimenti nello spazio o nel tempo".

Non a caso, dunque, Giancarlo Marzorati ha battezzato Oasi il progetto di riqualificazione pensato per un'area finitima le aree agricole a ridosso del Parco del Grugno Torto, quelle che separano Cinisello Balsamo da Nova Milanese e Paderno Dugnano, a nord ovest dell'abitato.

L'obiettivo era quello di realizzare un nuovo insediamento finalizzato alla creazione di un'area per il sociale che offrisse al pubblico "un ambiente colorato e vitale in qualsiasi ora del giorno e in qualsiasi giorno della settimana, dove la popolazione" potesse essere "stimolata su piani diversi a godere di uno spazio nel quale vivere all'aperto e arricchirsi di opportunità quali la musica (diffusa in modo soft lungo i percorsi), l'arte, l'educazione alla conoscenza del mondo agricolo, il rispetto dell'ambiente, le biotecnologie, la botanica, i giochi d'acqua, il teatro, il cinema".

Chi conosca l'hinterland milanese, e in particolare l'area di Cinisello, sa bene come "il ripetersi di fatti sgradevoli od opprimenti nello spazio o nel tempo" sia lì, in quel "deserto" che al posto della sabbia offre un'urbanizzazione spesso selvaggia e disumanizzante, una costante quotidiana, fenomeno che questa Oasi si prefigge, quanto meno, di alleviare. E leggendone l'architettura si nota l'attenzione del progetto (150.000 metri quadri l'estensione dell'intervento) per la non-preponderanza dei manufatti rispetto all'ambiente che li contiene: i volumi sono bassi e ben si rapportano con il verde circostante. Unica emergenza una contenutissima torre ancorata attraverso leggerissime tensostrutture a una sorta di edificio basso ad anfiteatro, elemento, quest'ultimo, spesso presente nei riferimenti culturali classici di Marzorati.

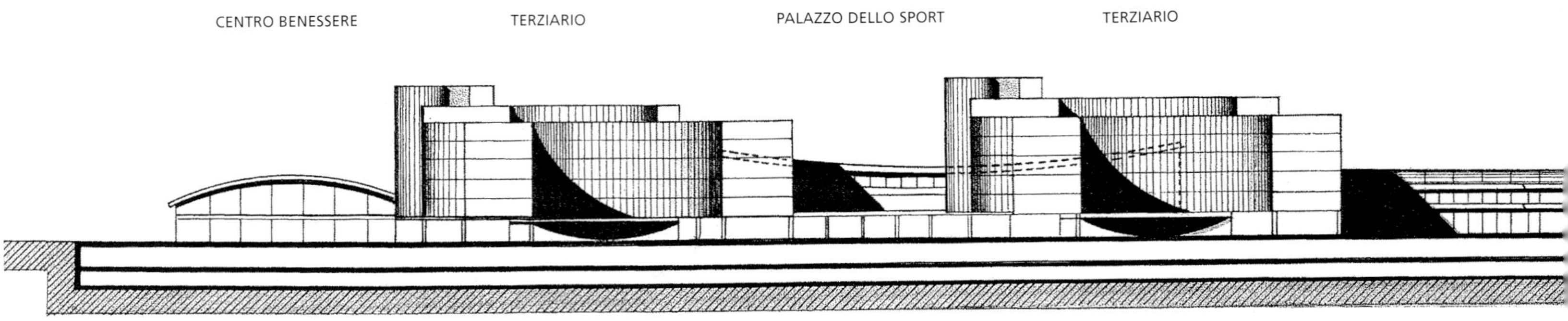

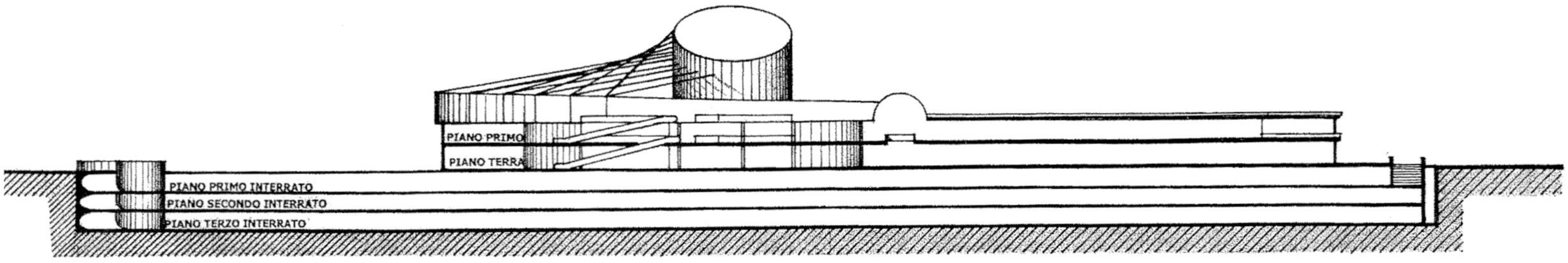

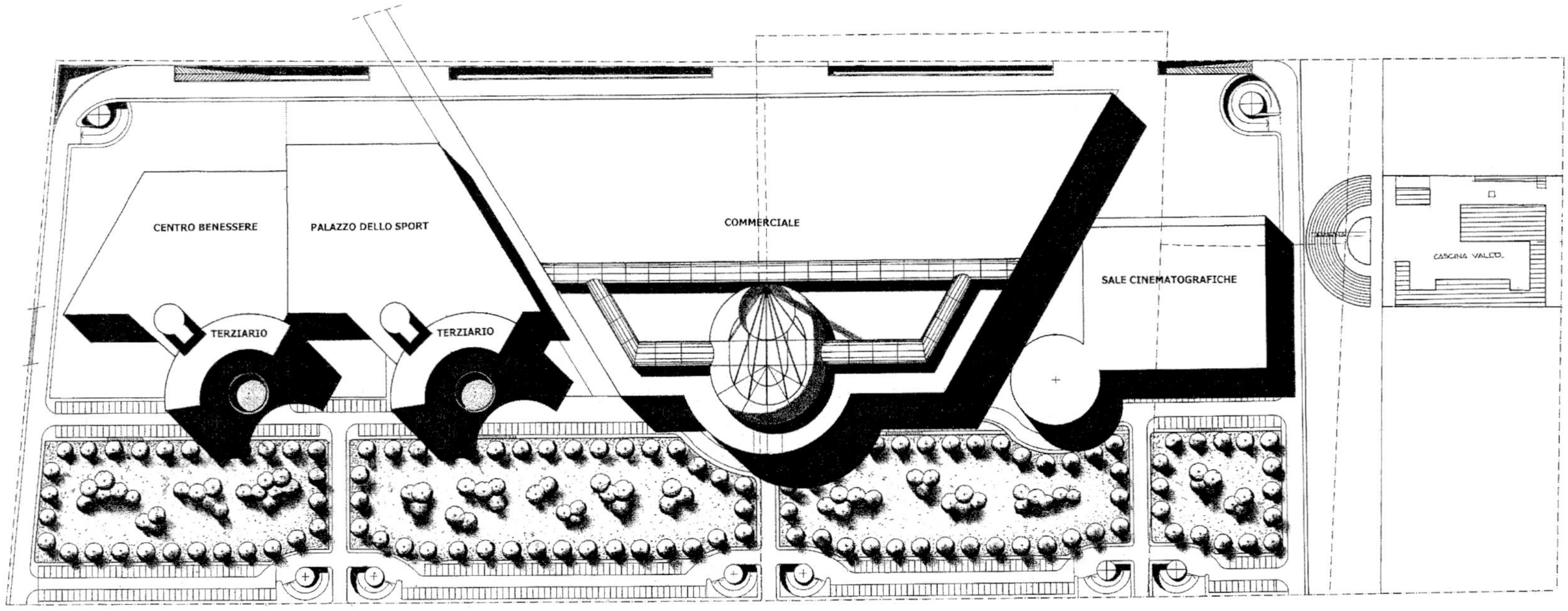

In the preceding pages, general view of the Oasi model.
At the top, prospect and skyline of the plan for the Oasi buildings.
Above, general plan.
On the right, top view of the model.

Nelle pagine precedenti, vista d'insieme del modello di Oasi.
In alto, prospetto e skyline di progetto degli edifici di Oasi.
Sopra, planimetria generale.
A destra, vista dall'alto del modello.

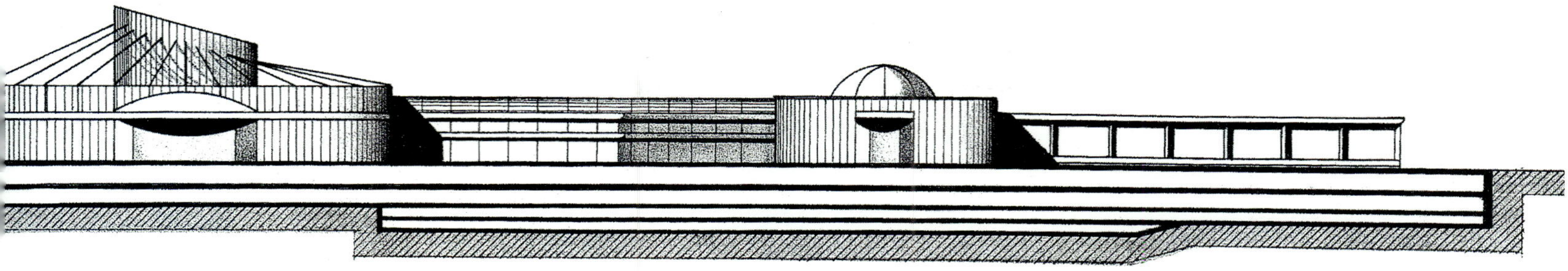

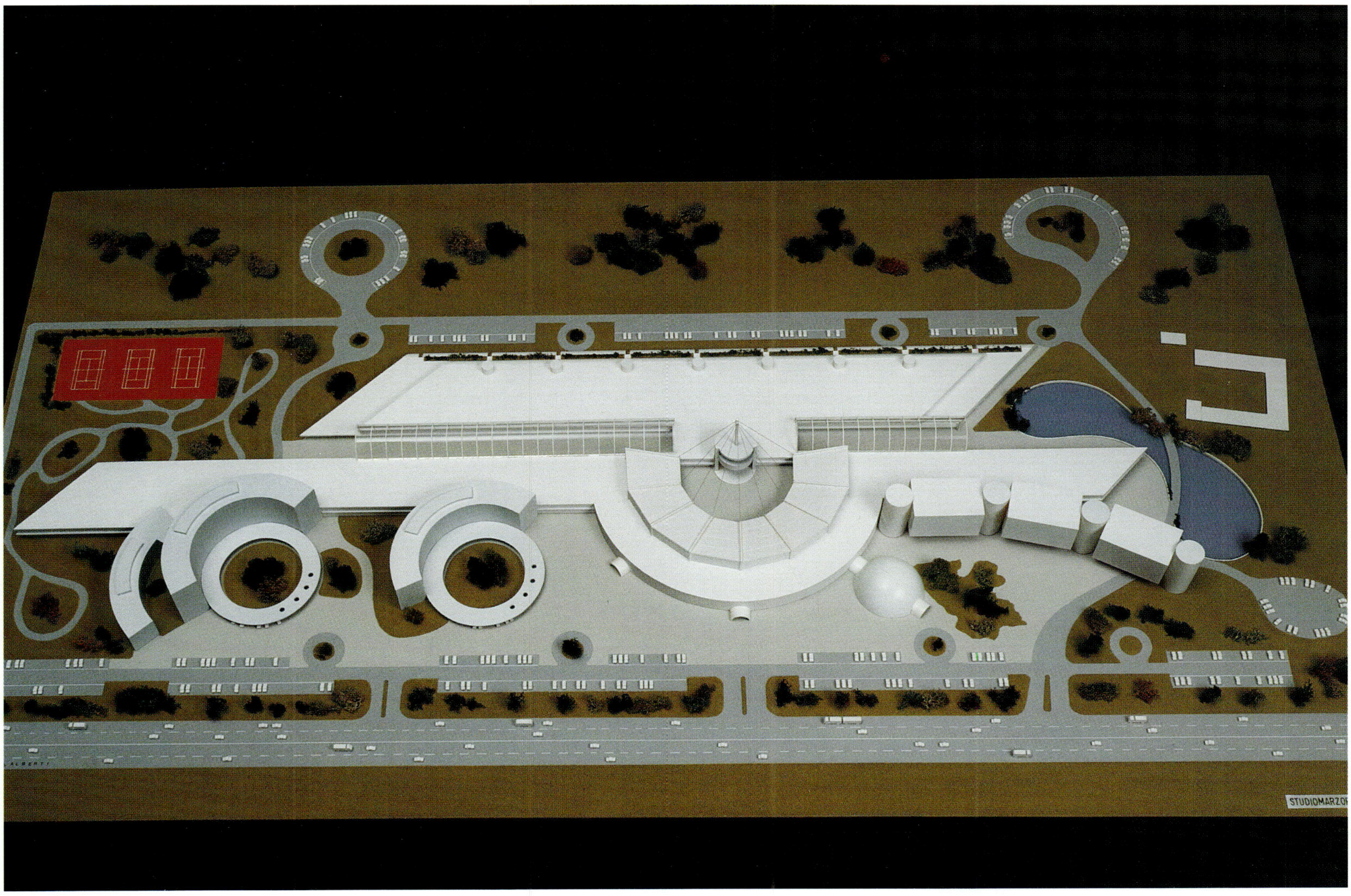

Multiplex "Arcadia"
Melzo, Italy

A combination of classical memories and extremely advanced audiovisual technologies, a blend of functionalist transparencies and pure love for the cinema. The Multiplex Arcadia in Melzo (which holds 400,000 potential users, 4 theaters with 220 seats, one with 630 seats and an outdoor theater with 1200 seats) is in the outskirts of Milan. As far as architectural invention is concerned, this is the feather in Giancarlo Marzorati's hat, and can boast a number of records: to begin with, it has the largest screen (30 x 15.95 meters) in the world.

The illuminating system (with an Olf 3M optical film) was conceived by Vittorio Storaro.

The seats (designed by Marzorati himself) are as comfortable as those of the General Cinema of Chicago one of the most exclusive in the world.

The audiovisual quality is at an optimum level (Showscan systems that can show films mm shot within 70, hyper-realistic Dolby sound, and DTS with Lucas Film THX certification). Technology driven to its highest levels, combined with architecture that certainly does not lack classical (or, better yet, postmodern) references. Evidence of this are the amphitheatrical front seats, the Renaissance flavor of the porticoes, complete with columns and capitals, and the sham Hellenistic triportico behind which the operators' room is located (within sight of the public). Moreover, the study of the plan reveals that it lives in its own extreme and canonical simplicity, which in itself is very classical: four halls facing each other symmetrically, perpendicular to another, larger hall. All of this is enclosed in a great, "religiously" bi-apsidal "capsule". Nevertheless, transparence remains the characterizing element of this architecture. The construction is precisely the opposite of the old, traditional (but, in a nostalgic way, fascinating) movie theater. Multiscreen movie theaters, multiplex and megaplex structures have erased it forever, due to their overabundance of options. Let's hope - and this is meant as a challenge and not as a complaint, since we are convinced of the effectiveness of technologically advanced solutions - that the cinema will not come to an end and become a part of those options, in a future that doesn't seem so far away.

È una combinazione di memorie classiche e tecnologie audiovisive avanzatissime, di trasparenze di matrice razionalista e di purissimo amore per il cinema. La multisala Arcadia di Melzo, hinterland milanese (bacino d'utenza 400.000 spettatori, 4 sale da 220 posti, una da 630 e una all'aperto da 1200), fiore all'occhiello dell'invenzione architettonica di Giancarlo Marzorati, può vantare innumerevoli primati: ha lo schermo 30 x 15,95 più ampio del mondo (oltre ad altri cinque schermi, uno dei quali en plein air); l'impianto illuminotecnico (a pellicola ottica Olf 3M) porta la firma di uno dei più grandi fra i direttori della fotografia, Vittorio Storaro; il comfort delle poltrone (disegnate dallo stesso Marzorati) rasenta quello del General Cinema di Chicago, sala first class per pochi intimi, fra le più esclusive del mondo; la fruizione audio-video è a livelli eccelsi (sistemi Showscan con possibilità di proiettare film girati in 70 millimetri e un sonoro Dolby iper-realistico DTS con certificazione THX della Lucas Film). La tecnologia spinta ai massimi livelli si sposa con un'architettura che non è certo avara di citazioni classiche (o, meglio, postmoderne) come le platee ad anfiteatro, i portici con colonne e capitelli dal sapore rinascimentale, il finto triportico ellenicheggiante alle spalle del quale sono collocati i vani dei proiezionisti (a vista). Del resto, se esaminato in pianta, il progetto vive una propria estrema e canonica semplicità anch'essa assai classica: quattro sale che si fronteggiano simmetricamente, perpendicolari a una quinta sala, più estesa. Il tutto racchiuso in un "capsulone" religiosamente bi-absidale. La trasparenza, comunque, rimane, sia pur "inquinata" dalle reminiscenze classiche, l'elemento caratterizzante della poetica di quest'architettura. Proprio l'opposto della vecchia, tradizionale (ma per certi nostalgici versi affascinante) sala cinematografica. I multisala, i multiplex, i megaplex l'hanno spazzata via per sempre, sovrabbondanti di optional. Nella speranza - lo affermiamo provocatoriamente ma senza piagnistei, convinti della irreversibile validità di soluzioni tecnologicamente avanzate - che anche il film non finisca, in un futuro non troppo lontano, per far parte di quegli optional.

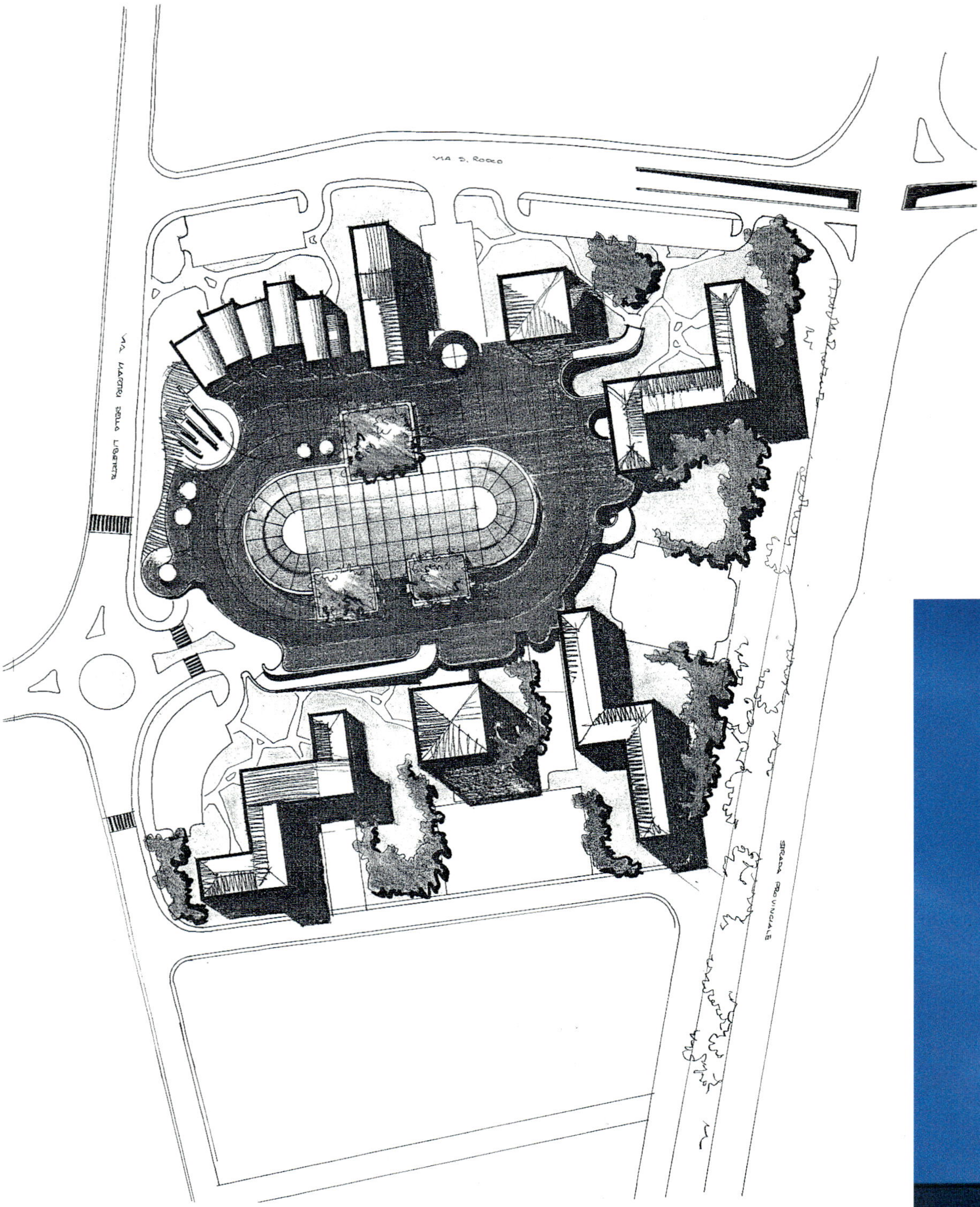

In the preceding pages, the entrance to the Arcadia Multiplex with the main staircase and the elevator with a panoramic view. Above, general plan of the entire multifunctional complex with the Arcadia Multiplex at the center.

Nelle pagine precedenti, l'atrio di ingresso del Multiplex Arcadia con la scala principale e l'ascensore panoramico. Sopra, planimetria generale di progetto dell'intero complesso polifunzionale con al centro il Multiplex Arcadia.

Evening view of the Arcadia Multiplex entrance hall seen from the outside.
Vista serale dell'atrio del Multplex Arcadia dall'esterno.

View from the inside of the entrance hall with the lamellar wooden structure and glazed roofing.
Vista dall'interno dell'atrio con la struttura in legno lamellare e vetri in copertura.

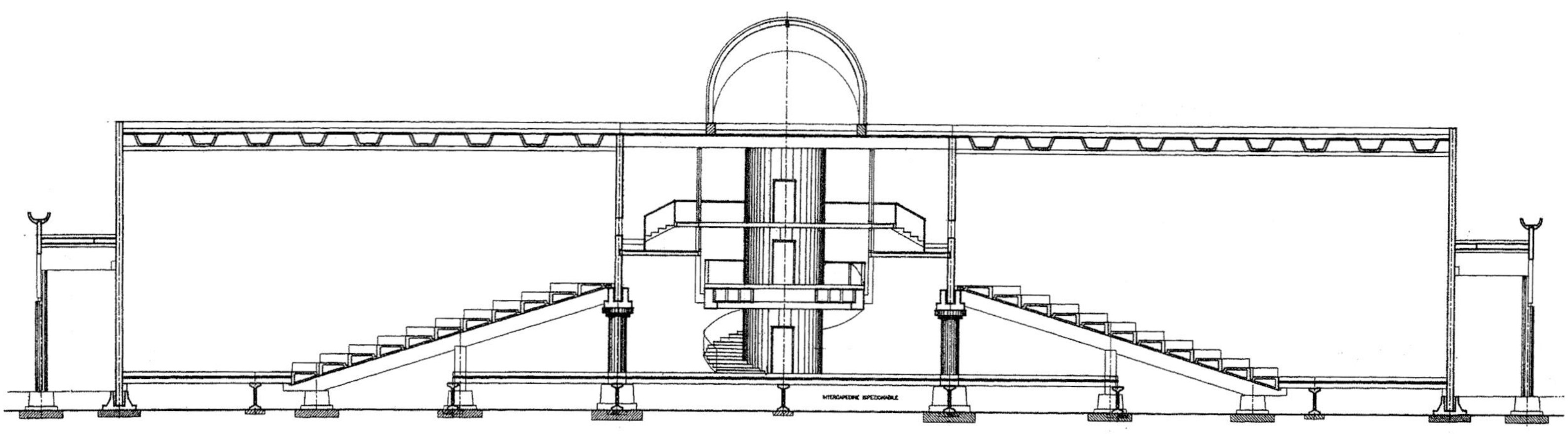

Above, cross section.
On the right, top view
of the entrance hall.
*Sopra, sezione
trasversale.
A destra, l'atrio visto
dall'alto.*

Public area on
the ground floor.
*L'area pubblica
al piano terra.*

Evening view from the outside towards the entrance area.
Vista serale dall'esterno verso la zona dell'atrio.

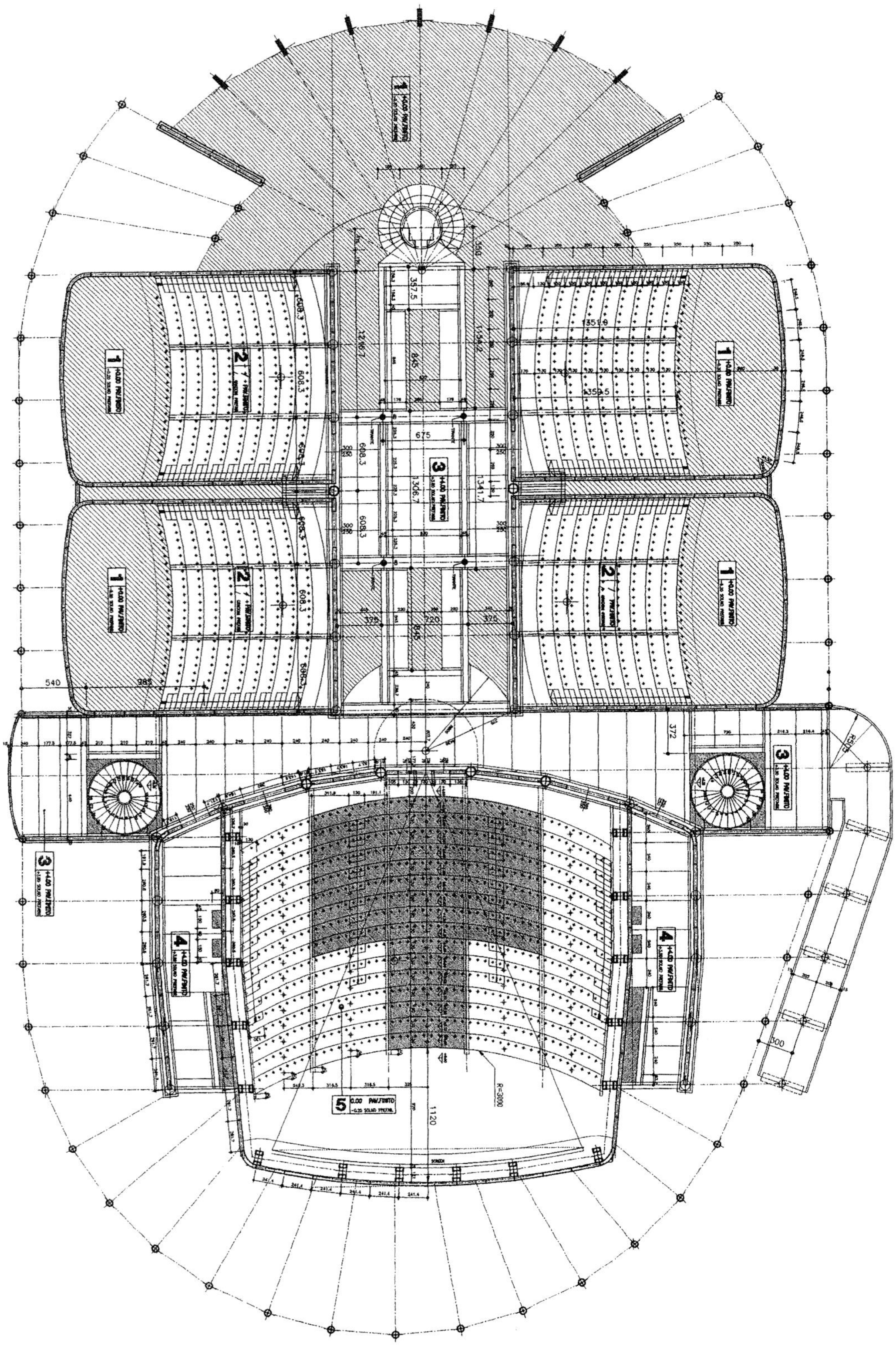

General plan of the level
giving access
to the halls.
Pianta generale
del livello di ingresso
alle sale.

On the left, "Energia" hall. Below, one of the smaller halls.
A sinistra, la sala "Energia". Sotto, una delle sale minori.

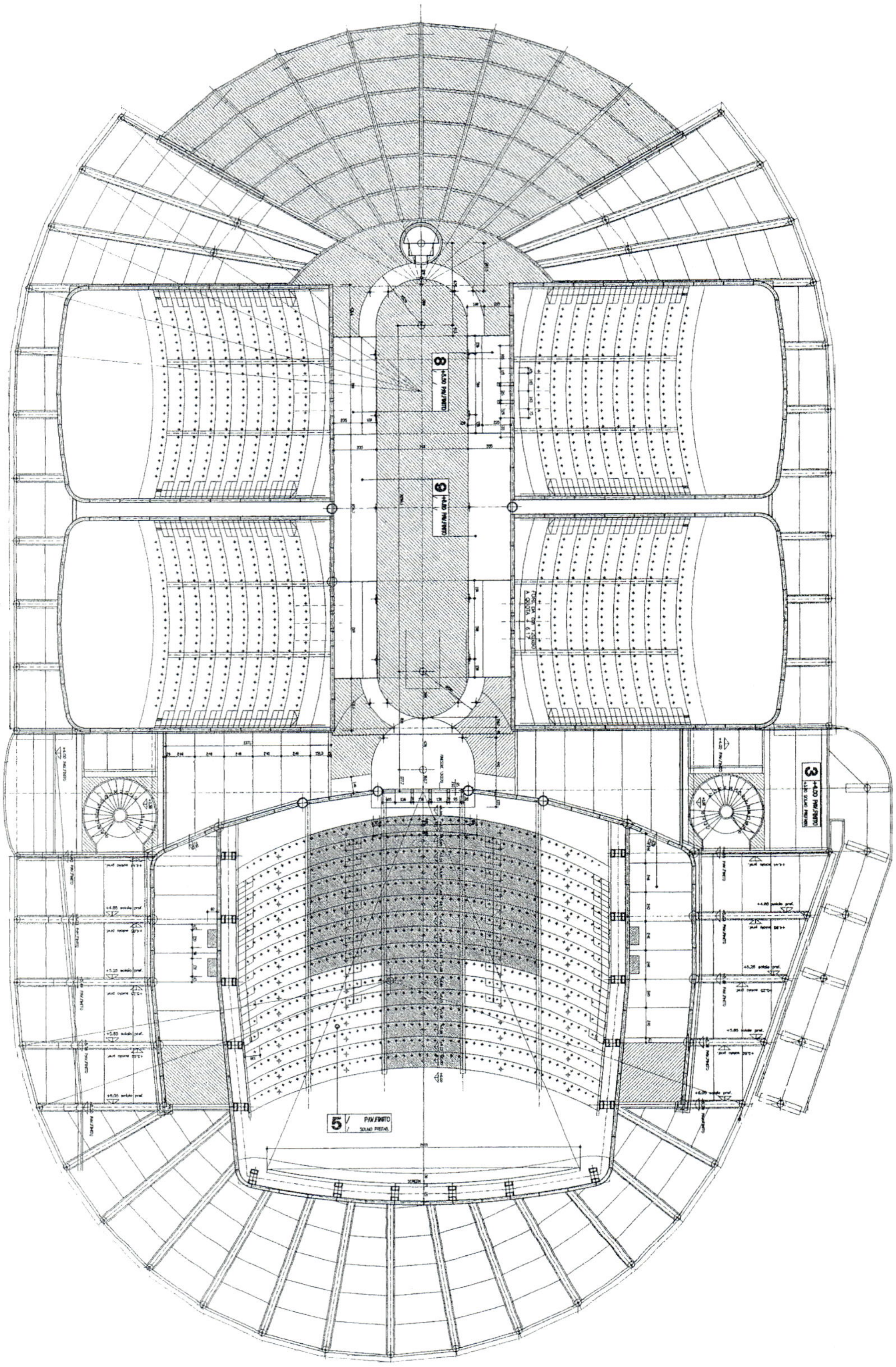

Technical level plan.
Pianta al livello del piano tecnico.

On the left, one of the smaller halls. Below, the "Energia" hall.
A sinistra, una delle sale minori. Sotto, la sala "Energia".

View from the inside of the reflecting elevator with a panoramic view. On the opposite page, inside view of the wood and glass roofing in the central area of the Arcadia Multiplex.
Vista dall'interno dell'ascensore panoramico specchiante. Nella pagina a fianco, vista interna della copertura in legno e vetro della zona centrale del Multiplex Arcadia.

Alea
Cinisello Balsamo, Italy

The urban recovery of an area in the nothern outskirts of Milan, in the municipal district of Cinisello Balsamo, was the main objective of this work bearing Marzorati's signature. The area (11,000 square meters), which is occupied by an abandoned engineering industry, is integrated in an already widely urbanized context (a strictly residential area with a municipal road network and abounding in trade). Here Marzorati proposed a "mild" urban intervention (but architecturally not so "mild" - on the contrary, openly self-celebrating), by conceiving a housing complex characterized by a sole, powerful point of reference. The structure, conceived for public use, is conical (here we must cite Portman's "cone"), and 37 meters in height. It is located in the middle of a pond in a sort of amphitheater, whose "steps" are constituted by the housing units that gradually descend towards the center of the cone, thus serving as reassuring and "protective" elements for the structure. The protection is only interrupted on a small part of the ensemble's perimetral circumference, in correspondence with the access to the cone (the ground floor should house a social center with a library, recreation rooms, areas for the elderly and sports structures), which is connected with the outside through a beam that becomes the means for access (the solution is intentionally monumental and symmetrical in relation to the context). The totally underground parking areas are sufficiently large, and thus comfortable for users. The cone's vertical ribbing supports continuous glazing and channels light towards the inside at the same time acting as a filter for sunlight. A feature that again highlights the verticality of the conical structure is an antenna, the ultimate, filamentous ramification at the apex of the central structure of the complex, and a feasible symbol of the area's metamorphosis in production.

L'obiettivo era quello del recupero urbanistico di un'area dell'hinterland nord-milanese, nel Comune di Cinisello Balsamo, occupata da un'industria metalmeccanica in dismissione. Tenendo presente che l'area in questione (11.000 metri quadri) è inserita in un contesto già ampiamente urbanizzato (si tratta di un quartiere prettamente residenziale, già saturo di strutture commerciali e viabilizzato a scala comunale), Marzorati ha ipotizzato un intervento urbanisticamente "dolce" (ma architettonicamente meno "dolce", anzi dichiaratamente autocelebrativo), ideando un complesso abitativo caratterizzato da una sola, potente emergenza di riferimento. Si tratta di una struttura conica di prevedibile utilizzazione pubblica (la citazione del "cono" di Portman è d'obbligo) alta 37 metri e collocata su uno specchio d'acqua al centro di una sorta di anfiteatro i cui "scalini" sono costituiti dai manufatti abitativi degradanti verso il cono centrale cui garantiscono una funzione rassicurante e "protettiva". La protezione si interrompe solo in un piccolo tratto della circonferenza perimetrale dell'insieme, in corrispondenza dell'accesso al cono (al piano terra si prevede un centro sociale con biblioteca, ambienti ludici, spazi per gli anziani, strutture sportive) collegato con l'esterno attraverso un raggio che si fa via d'accesso (soluzione, questa, volutamente monumentale e simmetrica rispetto al contesto).
I parcheggi, totalmente interrati, offrono una sufficiente vivibilità ambientale agli utenti mentre le costolature verticali del cono sostengono vetrate continue e canalizzano la luce all'interno filtrando, nel contempo, i raggi solari. A ri-sottolineare la verticalità della struttura conica, un'antenna, estrema propaggine filiforme dell'apice della struttura centrale del complesso e, allo stesso tempo, simbolo futuribile di una metamorfosi produttiva dell'area.

In the preceding pages and on the right, views of the model for the Alea project.
Above, general plan.
On the opposite page, elevation of the various buildings of the complex.

Nelle pagine precedenti e a destra, viste del modello del progetto Alea. Sopra, planimetria generale. Nella pagina a fianco, elevato di progetto dei vari edifici del complresso.

MARZORATIARCHITETTURA

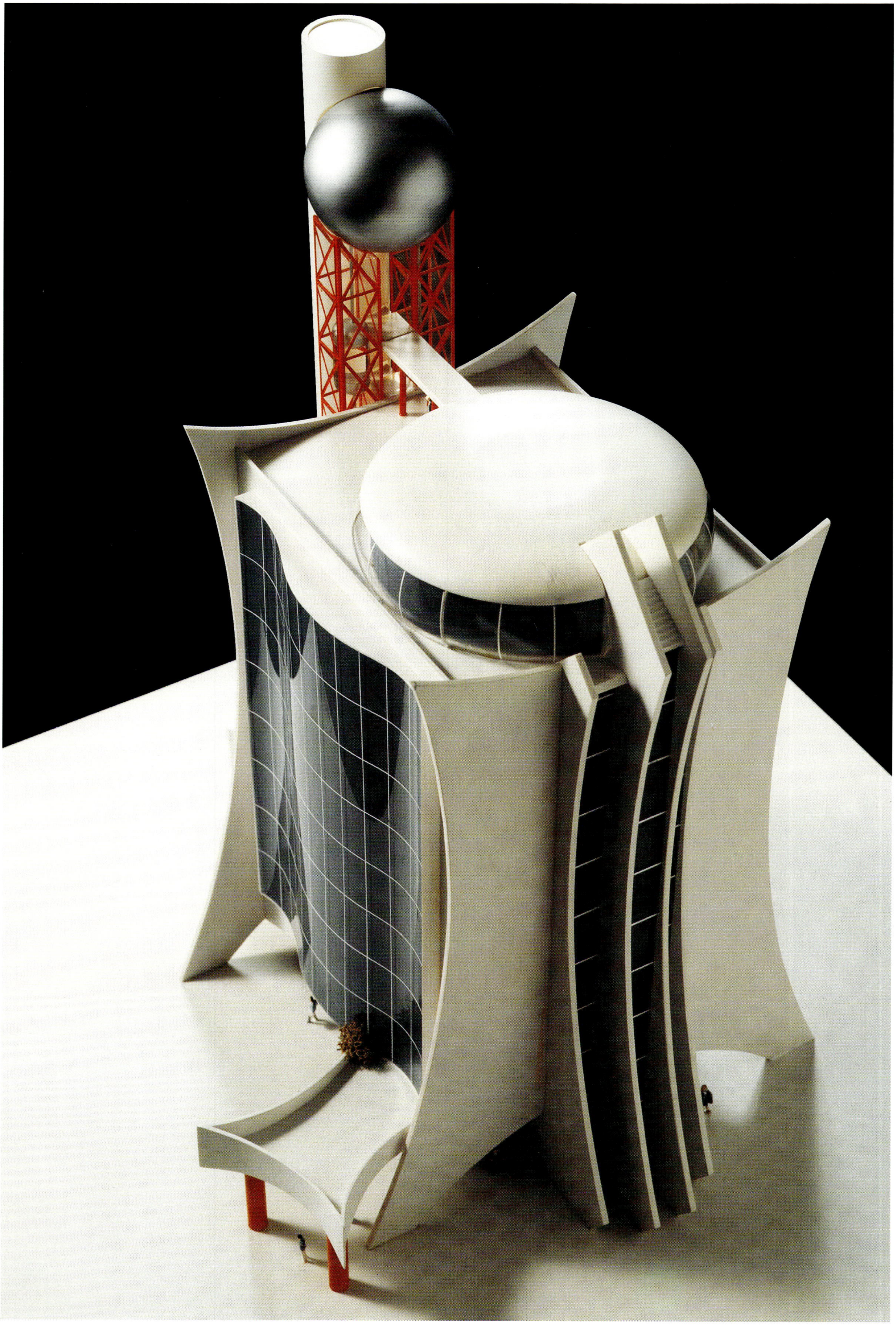

Hotel
Lissone, Italy

An old hotel located on the freeway that connects Milan to Lecco (whose traffic flow counts over eighty thousand vehicles per day) needed to reacquire a certain dignity; it needed to be transformed into a "sign". The exact location is near the exit of Lissone, whose main production consists in furniture. This means that for people to buy there, they need some sort of attraction. Therefore, Marzorati created a "new dress" for the hotel by personalizing its symbolic function as a building that characterizes the area - and leaving the inside structure and contents totally intact. Thus, here the designer had the opportunity to detach himself completely from the industrial/labor memories distinguishing the work he carried out in Sesto, and let himself go into modern flights similar to those of Frank O.Gehry. This "candy wrapper" of Marzorati's turns into a new covering (which doesn't show anything that lies underneath - the covering is attached to the building only through invisible technical solutions). This face manages to delete, to zeroize what lies within, becoming a pure and fully structured building (and thus deceiving the onlooker). At the front there is a sort of giant "television", which, in addition to being the transparent element of the building, becomes a messenger of the current media boom in productive and commercial relations. The verticality of the structure is assured by a transparent elevator shaft, which becomes the "bell tower" of the whole, crowned by a round engine room. The rising body of the building is contrasted by vaguely wavy shapes. At the top of the structure there is a sort of "hat" which contains a restaurant with a panoramic view. This work by Marzorati is certainly unusual, and can perhaps be interpreted as a study for new, future formal developments.

Il tema era quello di ridare dignità e nel contempo trasformare in un "segnale" un vecchio albergo collocato lungo la superstrada che collega Milano a Lecco (un movimento di oltre ottantamila veicoli al giorno), in prossimità dell'uscita di Lissone, Comune la cui principale attività produttiva è legata al mobile e alla ricettività della conseguente utenza. Lasciando assolutamente intatte strutture e contenuti, Marzorati ha realizzato dunque un "vestito nuovo" all'hotel, personalizzandone la funzione simbolica di emergenza caratterizzante. Ciò ha fornito al progettista l'opportunità di staccarsi decisamente dalle memorie industriali-operaie delle sue opere sestesi, ma di andare a pescare piuttosto in suggestioni moderne alla Frank O.Gehry. Questa "carta per la caramella" di Marzorati diviene qui un impianto di ri-copertura (che nulla lascia intravvedere dell'interno con il quale dialoga solo attraverso invisibili soluzioni tecniche). E pretende dunque, riuscendoci bene, di annullare, azzerare il contenuto, facendosi esso stesso (ingannando l'osservatore) edificio puro e pienamente strutturato. In facciata una sorta di grande "televisore", oltre al ruolo di elemento trasparente dell'edificio, assume quello di ambasciatore della attuale mediaticità dei rapporti produttivi e commerciali. La verticalità del manufatto è assicurata dal trasparente vano ascensore che diviene il "campanile" dell'insieme, coronato da una sfera-vano macchine. Mentre lo slancio del corpo dell'edificio è contrastato dalle forme vagamente ondivaghe e a coronamento del quale è posto una sorta di "cappello" che contiene il ristorante panoramico. Un'opera decisamente "anomala" di Marzorati, forse uno studio per nuove, future elaborazioni formali.

In the preceding pages and on the opposite page, views of the model for the project of the Lissone Hotel. On the right, plan of the ground floor and standard floor plan. Below, vertical section.

Nelle pagine precedenti e nella pagina a fianco, viste del modello del progetto per l'Hotel Lissone. A destra, pianta del piano terra e di un piano tipo. Sotto, sezione verticale.

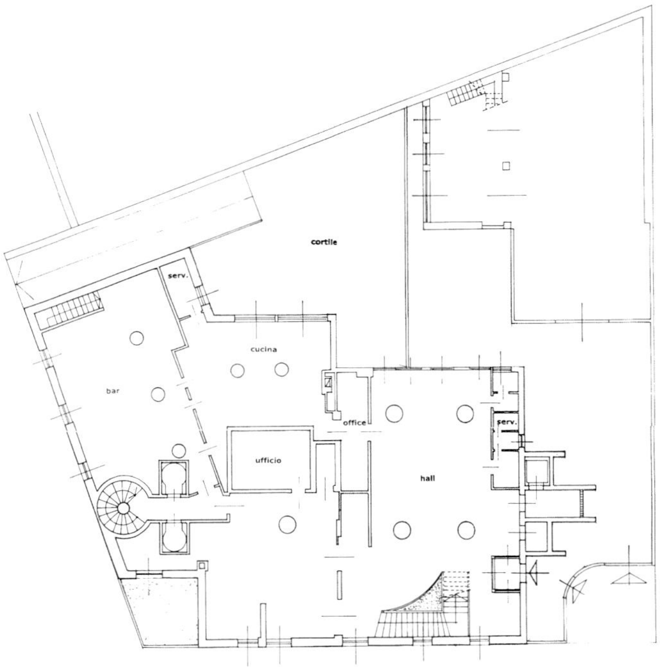

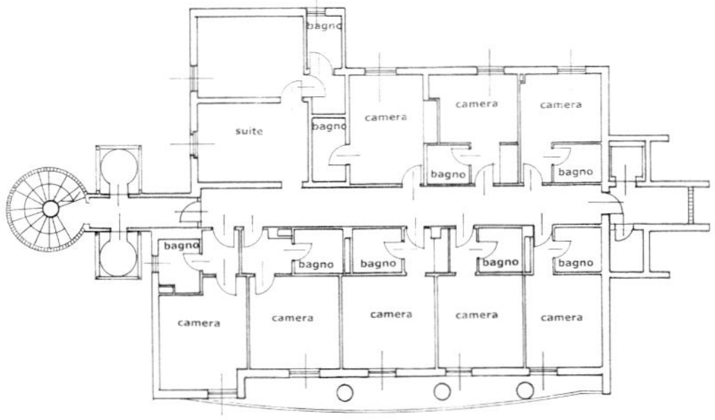

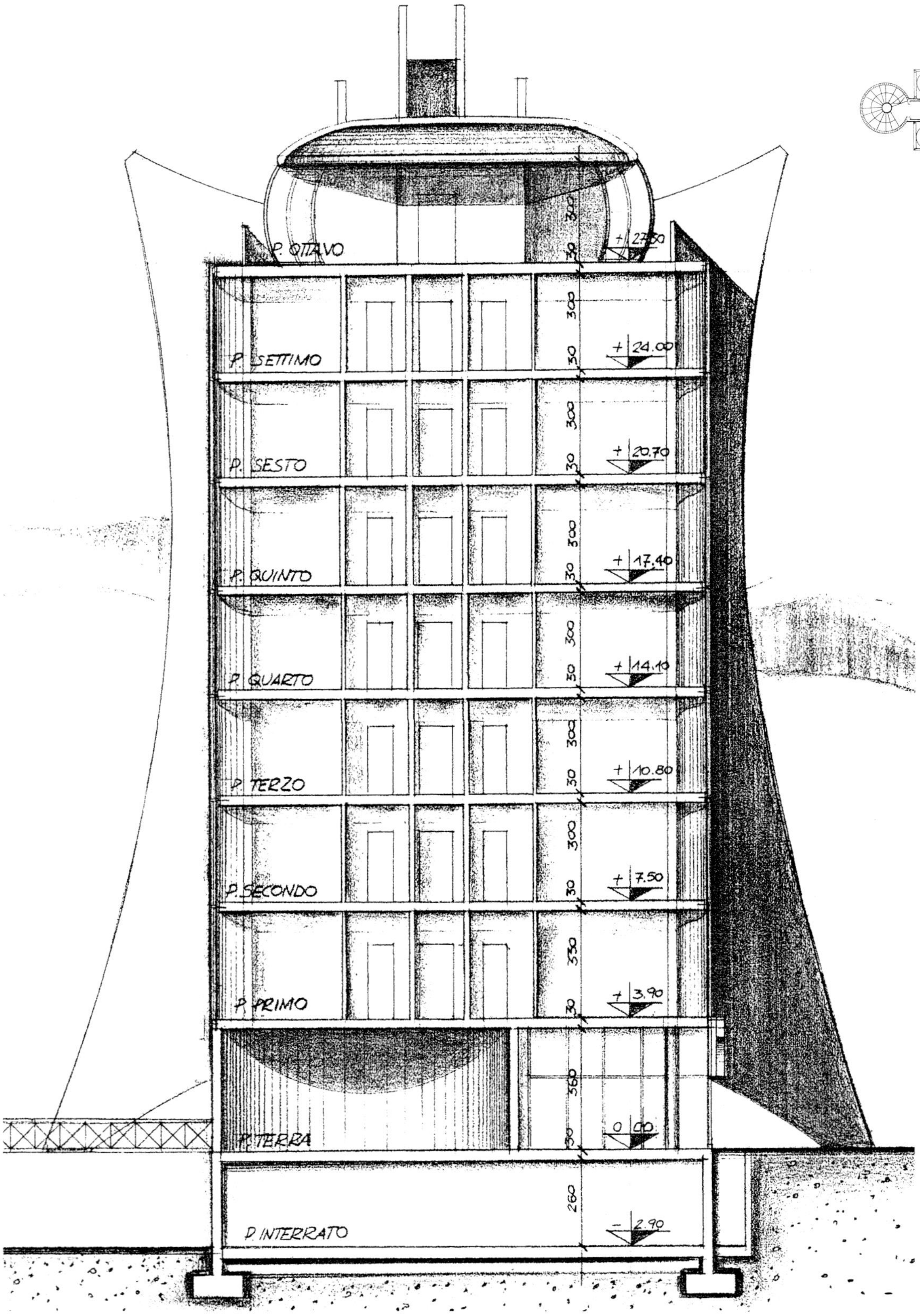

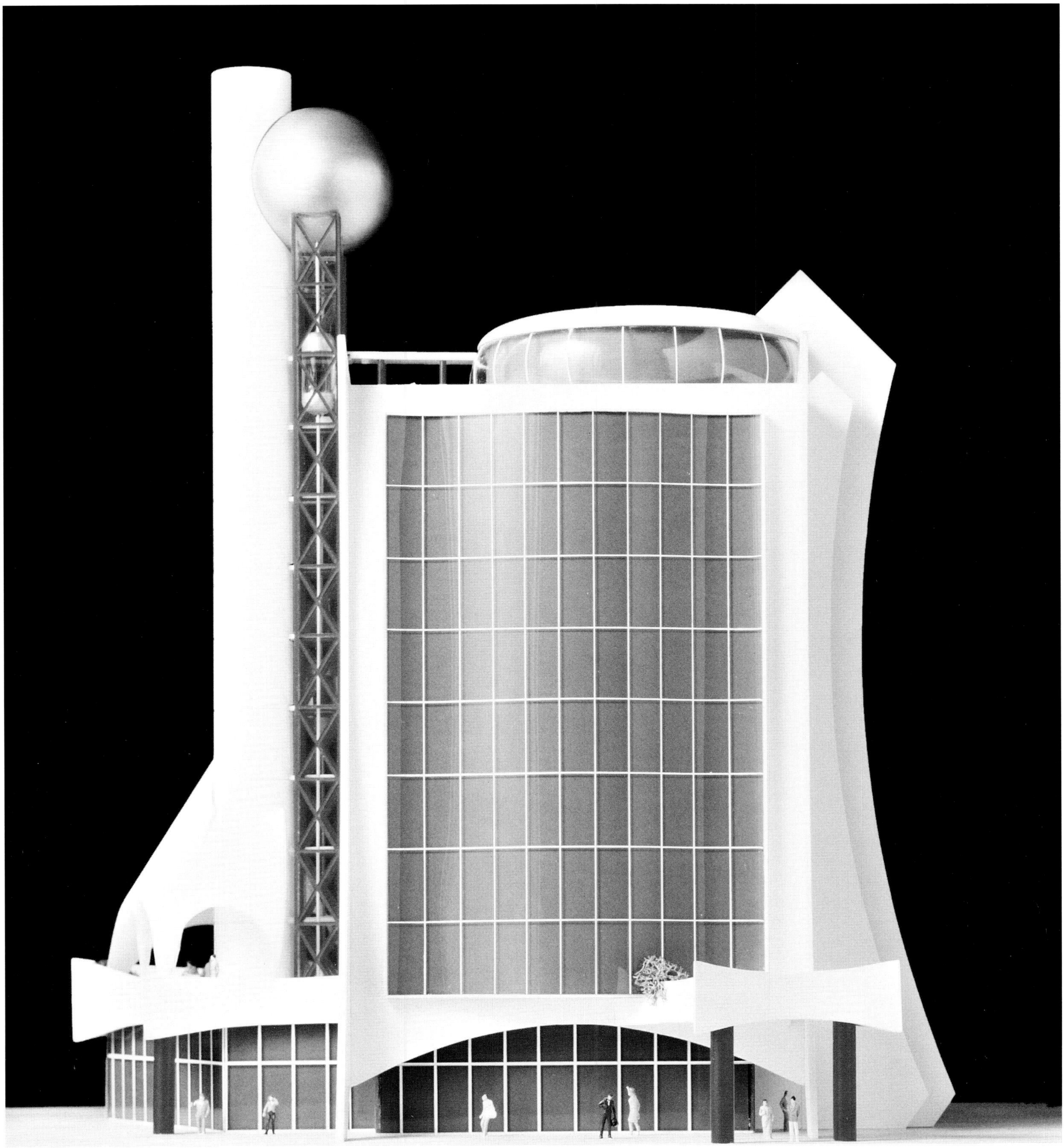

Maro 2
Sesto San Giovanni, Italy

The tower that suddenly appears after the great bend providing access to Sesto San Giovanni (located on the freeway Monza-Milan) constitutes a triumph of circularity. The plan of this office building is, in fact, circular, and so are the elevator shafts (the latter are coupled, as though they were small clones of the matrix).

All of this is located on a "bean-shaped" block. The choice of the shape is not only formal but functional, harmonizing with the morphology of the site itself, and leaving place for the future construction of a connecting road. The block is low and horizontal, distinguished by the unconventional use of white brick for the blind parts that lie opposite the transparent areas. It is thus the curved line that ensures a connection between the two elements, vertical and horizontal, which would otherwise be incompatible.

These two are finally linked by a double elevator shaft. If seen from outside, the "up and down" movement of the elevators brings back to mind the electromagnetic flux in the peculiar ampullas often seen in science fiction movies belonging to the era of silent motion pictures. One of the designer's habitual traits is again repeated here, with an antenna placed at the top of the building (whose "screwed on" "cap" picks up the white brick of the "base"). This aerial becomes another miniaturized clone of the tower, which is virtually a continuous assemblage of itself, in obviously variable dimensions.

È un trionfo della circolarità la torre adibita a uffici (posizionata lungo la superstrada Monza-Milano) che sbuca, improvvisa, subito dopo il curvone d'ingresso del Comune di Sesto San Giovanni. Circolare è infatti la pianta dell'edificio, circolari (e appaiati, quasi piccoli cloni della matrice) sono i vani ascensore. Il tutto si posiziona su un blocco dalla pianta "a fagiolo", scelta, questa, non solo formale ma anche funzionale alla morfologia del terreno, in vista della realizzazione di un futuro raccordo viario. Si tratta di un blocco basso e orizzontale che si caratterizza anche per l'uso trasgressivo del mattone (bianco) per le parti cieche opposte a quelle a tutta trasparenza. Ed è infine la linea curva ad assicurare il dialogo ai due elementi, quello verticale e quello orizzontale, altrimenti incompatibili e collegati, da ultimo, dal doppio vano ascensore i cui movimenti di "su e giù" delle cabine, osservati dall'esterno, riportano la mente a quelle curiose ampolle dai contenuti elettromagnetici di tanti film di fantascienza dell'epopea del muto. Un vezzo del progettista è infine l'antenna posta in cima all'edificio (il cui "coperchio" dalla trafilatura "a vite" riprende il mattone bianco dello "zoccolo" di base). Antenna che diviene anch'essa un terzo clone, miniaturizzato, della torre, continuo assemblaggio di se stessa, in dimensioni, ovviamente, variabili.

In the preceding pages and bottom right, views of the model for the project of Maro 2. Below from bottom to top, general planimetry, plan of the mezzanine and standard floor plan. On opposite page, elevations.

Nelle pagine precedenti e in basso a destra, viste del modello del progetto Maro 2. Sotto dal basso in alto, planimetria generale, pianta del piano rialzato e pianta del piano tipo. Nella pagina a fianco, prospetti.

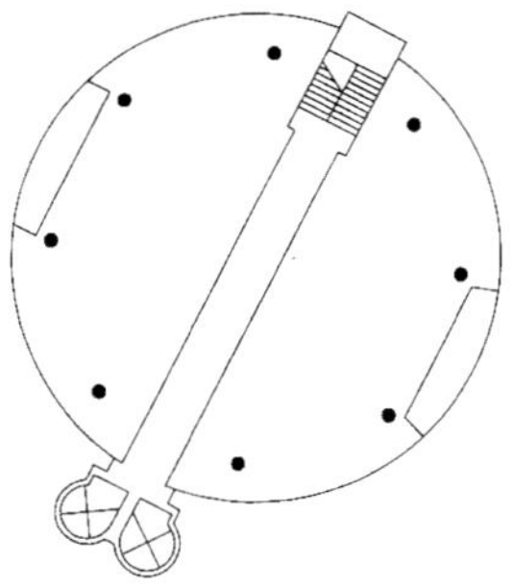

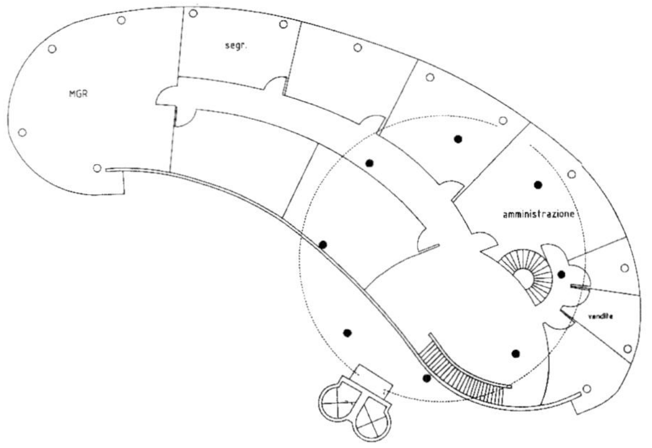

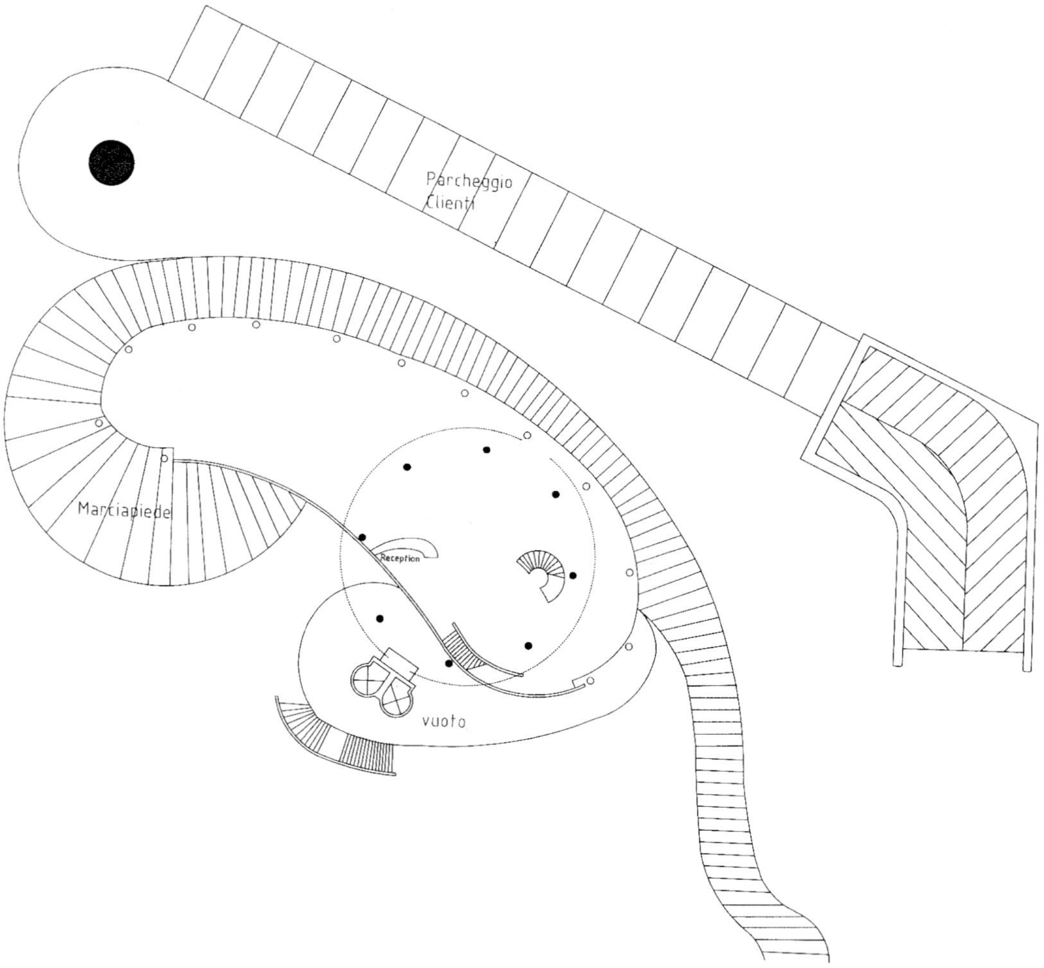

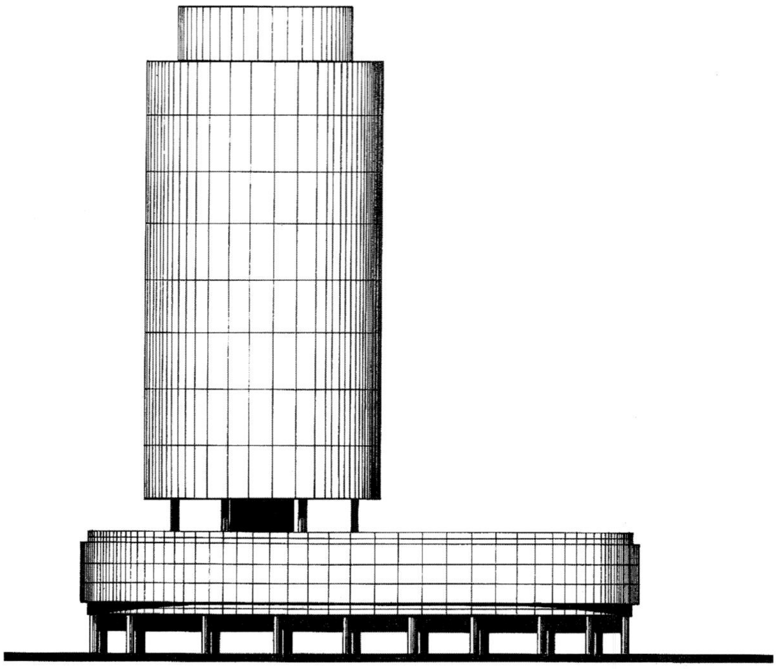
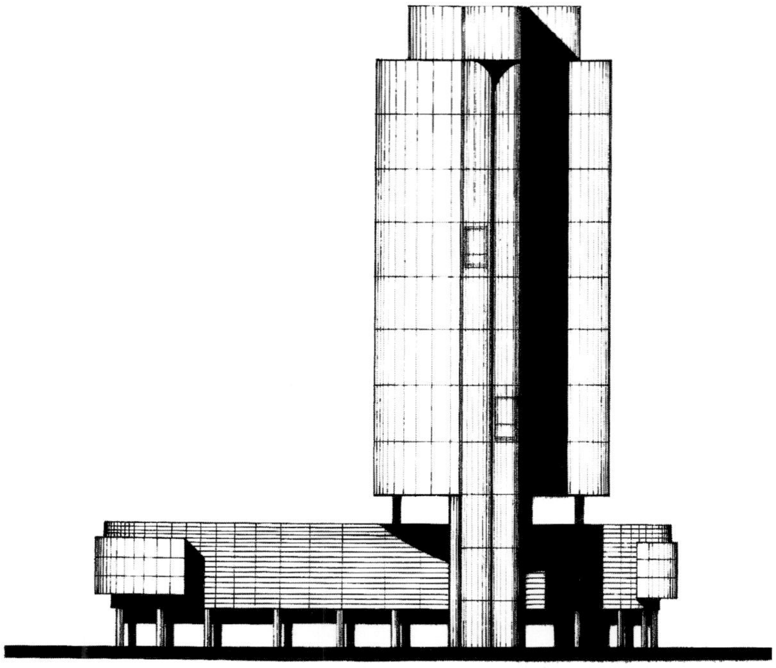

Giocheria
Sesto San Giovanni, Italy

The (western) children of the twenty-first century are tough customers. They are already perfectly integrated in a reality that is increasingly virtual and less real. A reality that is more and more linked to computers and less and less tied to the earth, the essential archetype of life. Hence, creating a recreational area, or a "playland", today implies previously studying children, their psychology and their social behavior. If this kind of work is not carried out, the architectural product runs the risk of being a fetish of bygone days. Working along with Alfredo Gardella and others, Marzorati had a bright idea for this recreational area: he had groups of children participate in the creation of the models. The first is a circular recreational construction for children of all ages, and the second, on an irregular area, is the actual "playland". In addition to these there is a cylindrical aquarium-tower, which is the most original and autonomous element of the whole. The plan arose thanks to a Unicef subsidy for the children of Sesto San Giovanni, and, at the same time, from the need to requalify a public area. The area in question - via Tonale - is now reduced to a cluster of crumbling shacks. So the children played an active role in the construction of their playland, by preparing the lime or by conveying things along in little toy trucks thus recovering a concrete relationship with the earth. The two models, on the other hand, show a strong relationship with light. The circular construction rests on a block of concrete from which a colored metal structure rises (a sort of gazebo which vaguely reminds us of art nouveau). Leaning on this structure at 60 degrees is a large window, above which there is a wooden roof with a skylight in the middle, so as to achieve special dances of sunlight. The curvilinear area is stylistically similar to the circular construction, but is used for different purposes. This area includes, a kitchen, a tutors' room, the bathroom and a " water and fire laboratory" - a place where, thanks to a large inside swimming pool and an area intended for bonfires, the children can recover their relationship with the two primordial and contrasting elements: water and fire.

I bambini (occidentali) del Duemila sono clienti difficili, sofisticati, già perfettamente integrati (o, se più piccoli, pronti per esserlo) in una realtà sempre più virtuale e meno reale, sempre più ancorata ai computer e sempre più slegata dalla terra intesa come archetipo essenziale della vita. Realizzare, dunque, oggi, una "giocheria" presuppone un lavoro "a priori" sulla psicologia e sui comportamenti sociali dell'infanzia senza il quale il prodotto architettonico rischia di restare un feticcio d'altri tempi. Marzorati, in questa ludoteca sestese ha avuto, insieme ad Alfredo Gardella e ai suoi collaboratori, un'ottima idea: far partecipare gruppi di bambini alla realizzazione dei manufatti: il primo, circolare, destinato all'attività comune di "piccoli e grandi" e il secondo, a pianta irregolare, la "giocheria" vera e propria, ai quali si aggiunge una cilindrica torre-acquario che rappresenta l'elemento formalmente più originale e autonomo dell'insieme. Il progetto nasce da un contributo Unicef ai bimbi di Sesto San Giovanni e, nel contempo, dall'esigenza di riqualificare un'area comunale, quella di via Tonale, ormai ridotta a un gruppo di fatiscenti baracche. I bambini hanno dunque avuto un ruolo attivo nella costruzione della "loro" giocheria preparando la calce o realizzando piccoli trasporti con camioncini-giocattolo. E riguadagnando così, già in fase preliminare, un rapporto concreto con la terra mentre i due principali manufatti si caratterizzano soprattutto per quello con la luce. Il primo, a pianta circolare, poggia su un blocco in calcestruzzo dal quale si innalza una struttura metallica colorata (sorta di gazebo dalle vaghe reminiscenze liberty) su cui appoggia una vetrata a "60 gradi, sovrastata da un tetto in legno con lucernario centrale onde ottenere particolari giochi "di sole". L'altro, quello a pianta curvilinea, è stilisticamente omologo, con differenziazioni funzionali alle desinazioni d'uso: cucina, sala educatori, servizi e "laboratorio dell'acqua e del fuoco" ovvero un luogo dove i bambini potranno, grazie a una grande vasca interna e una location destinata ai falò, recuperare il rapporto con i due elementi primordiali e antiteci: l'acqua e il fuoco.

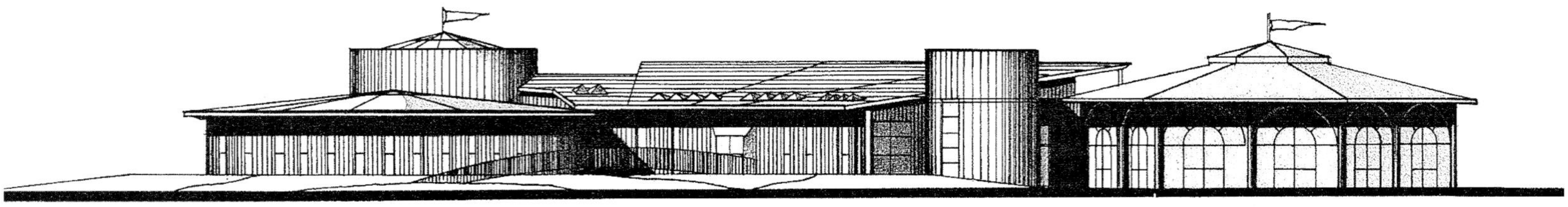

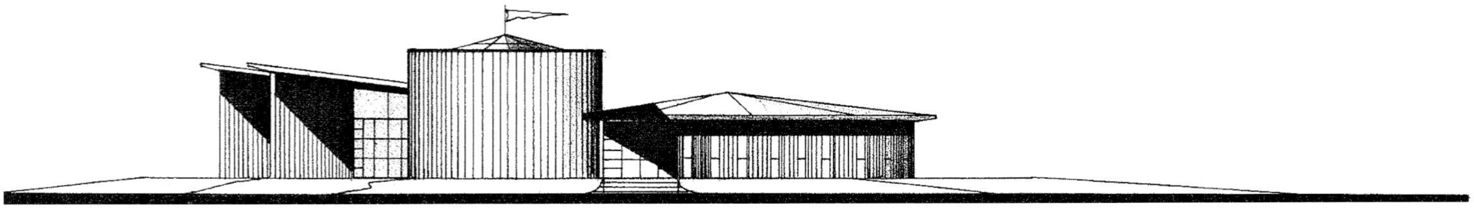

In the preceding pages and on the right, views of the model for the project of the "Giocheria". Above and on opposite page, elevations.

Nelle pagine precedenti e a destra, viste del modello del progetto Giocheria. Sopra e nella pagina a fianco, prospetti.

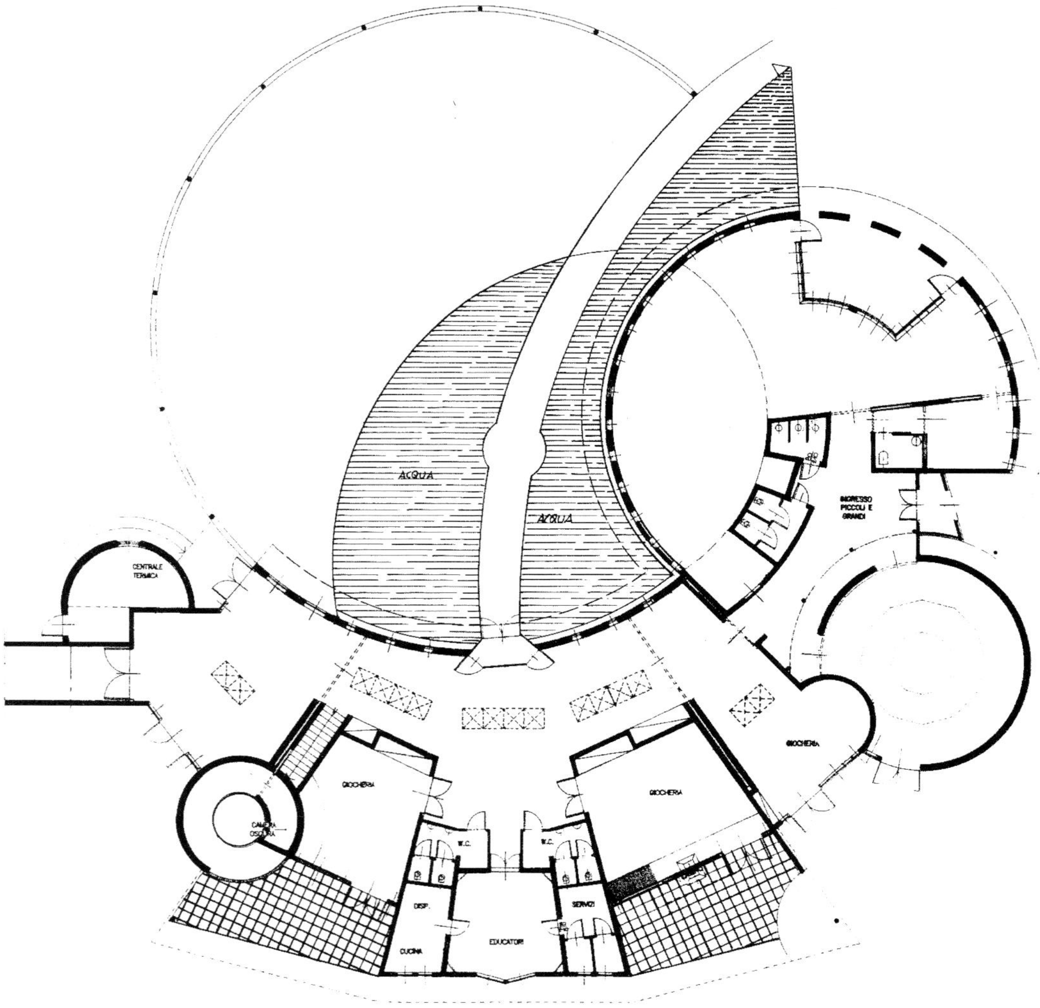

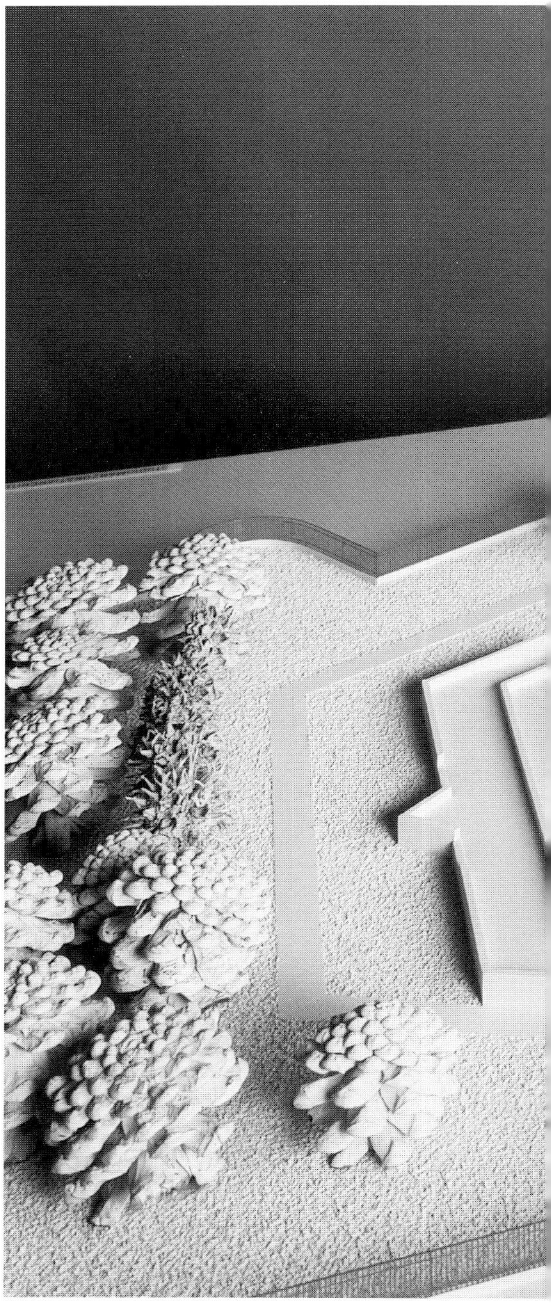

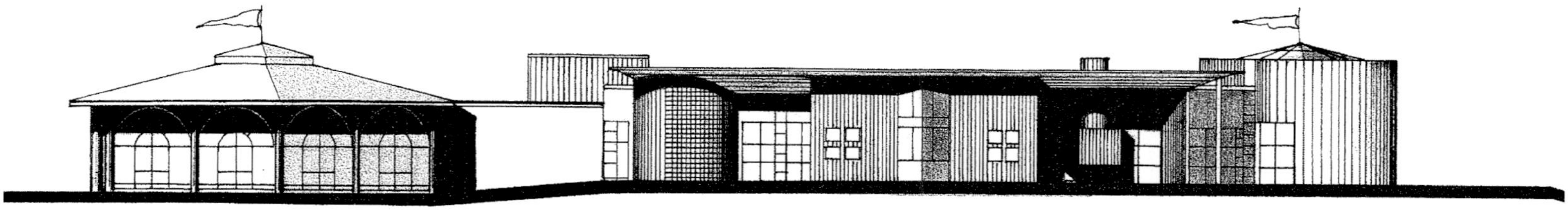

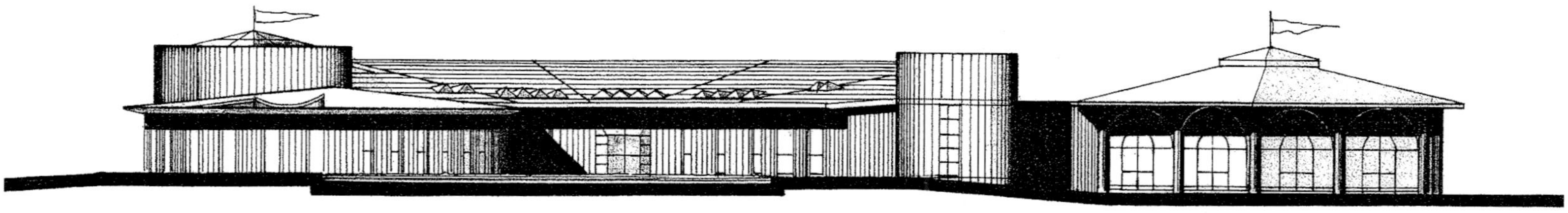

Below, view of the façade of the model for the office building.
On the right, top view of the model for the office building.
On the bottom of the opposite page, sections of the Mediapolis Multiplex.

Sotto, vista della facciata del modello dell'edificio per uffici. A destra, vista dall'alto del modello dell'edificio per uffici. Nella pagina a fianco, in basso, sezioni del Multiplex Mediapolis.

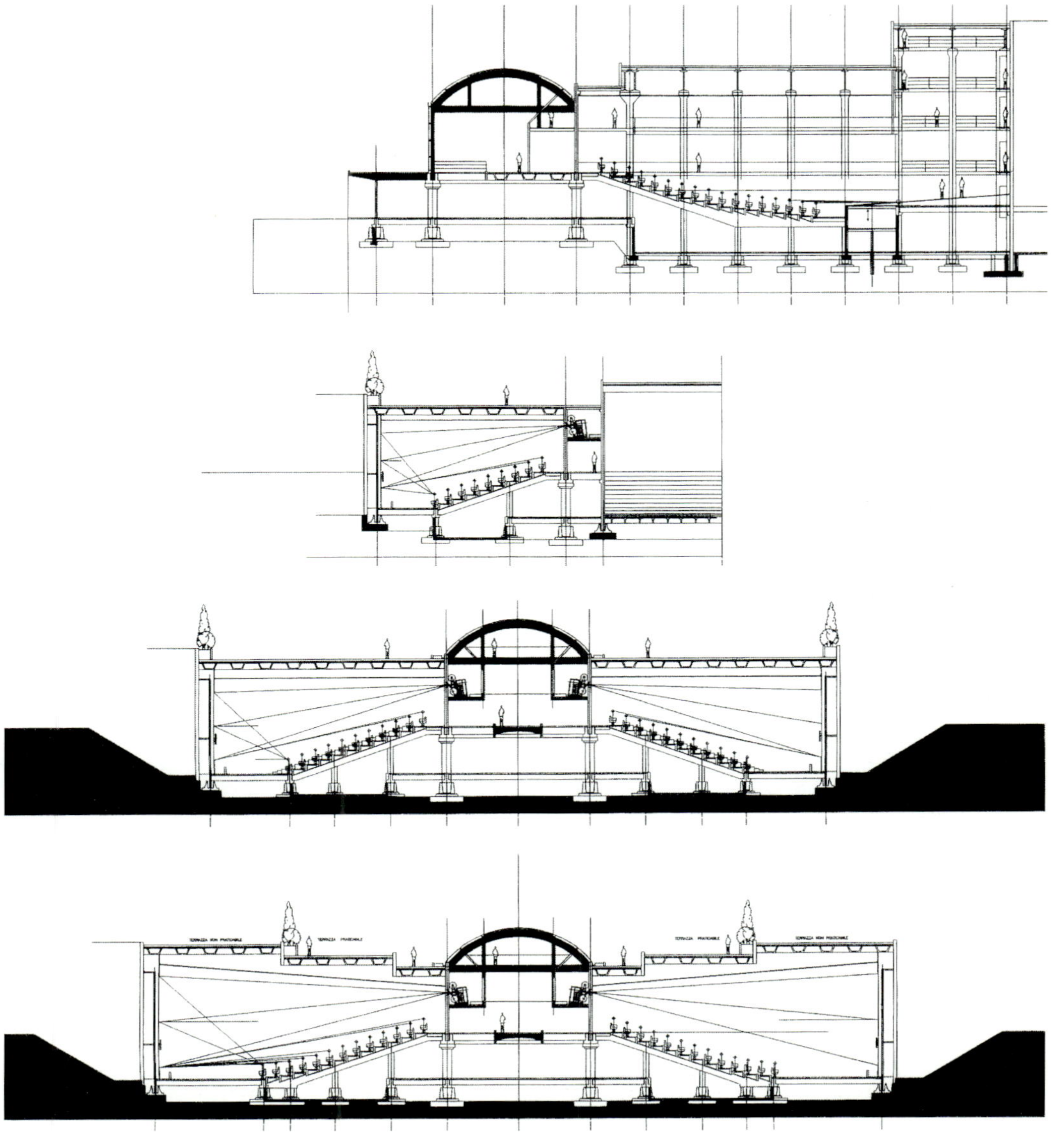

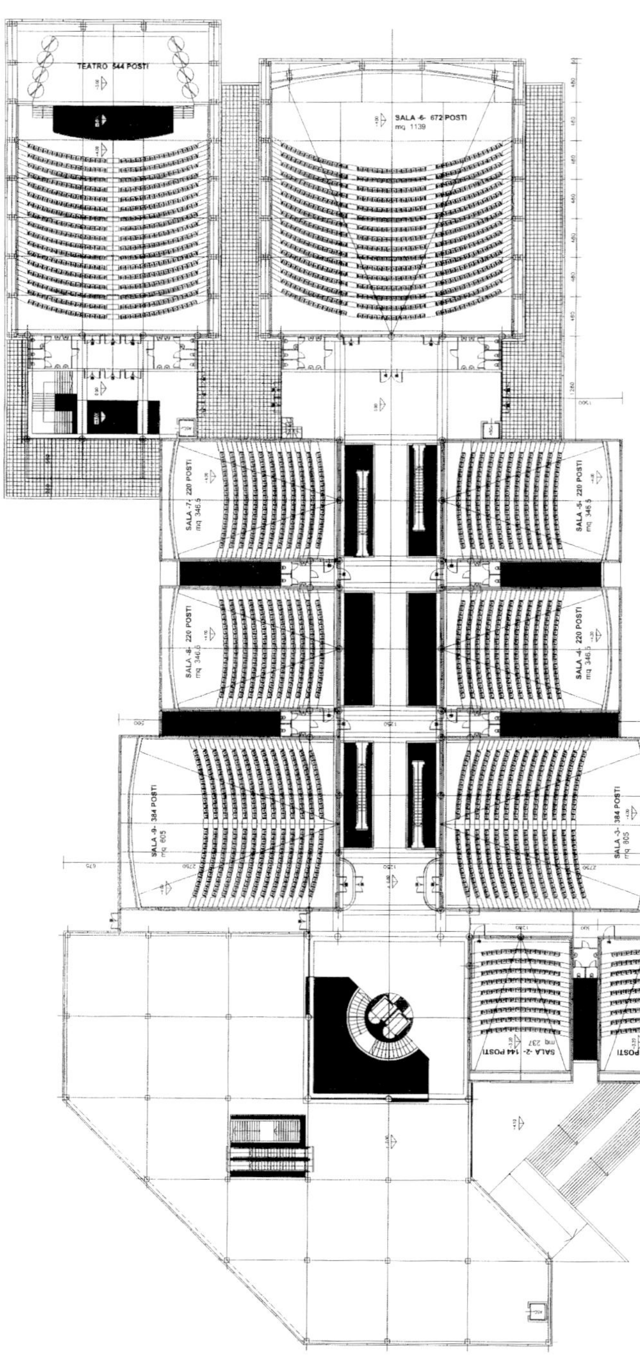

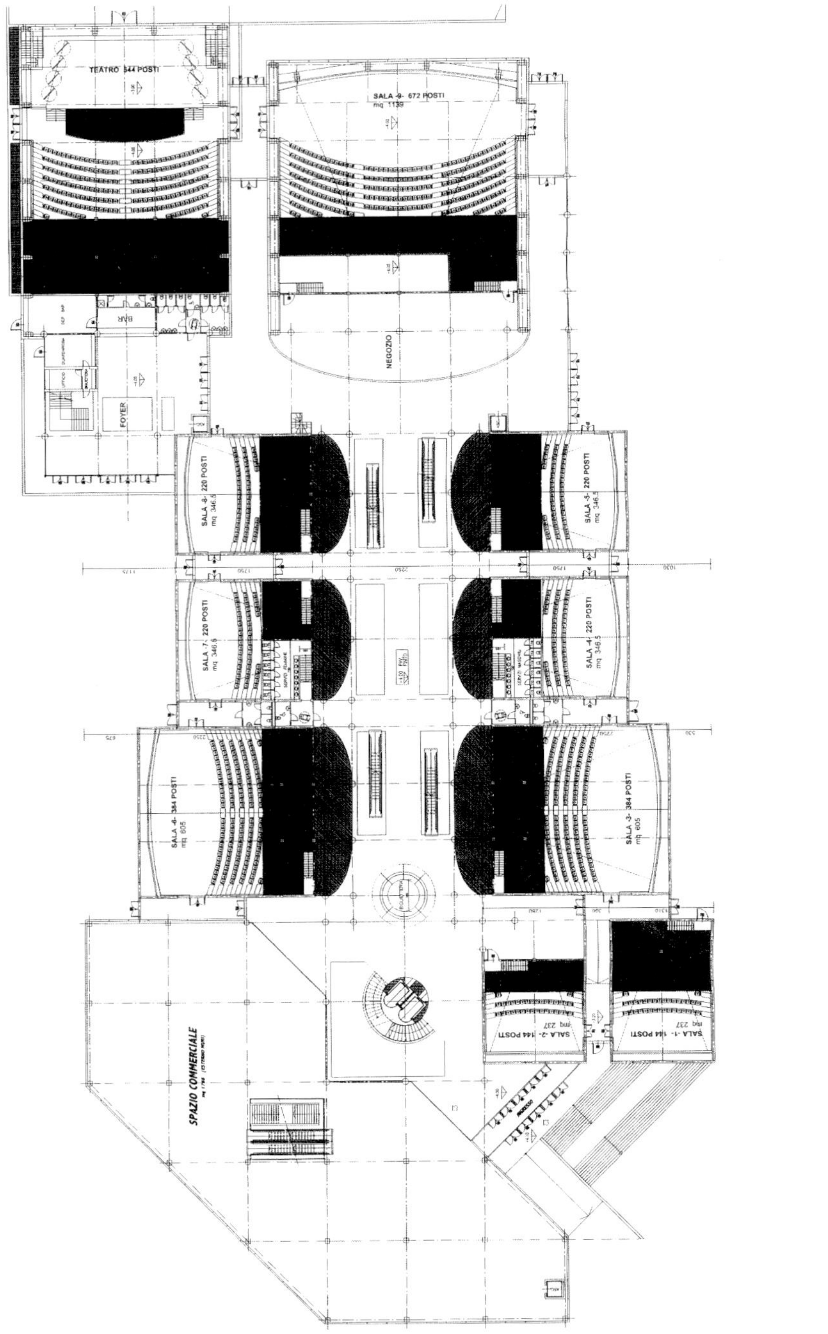

Plan of the ground floor, and on the right, plan of the entrance to the Multiplex Mediapolis cinema halls.
Pianta del piano terra e, a destra, pianta del livello di ingresso alle sale cinematografiche del Multiplex Mediapolis.

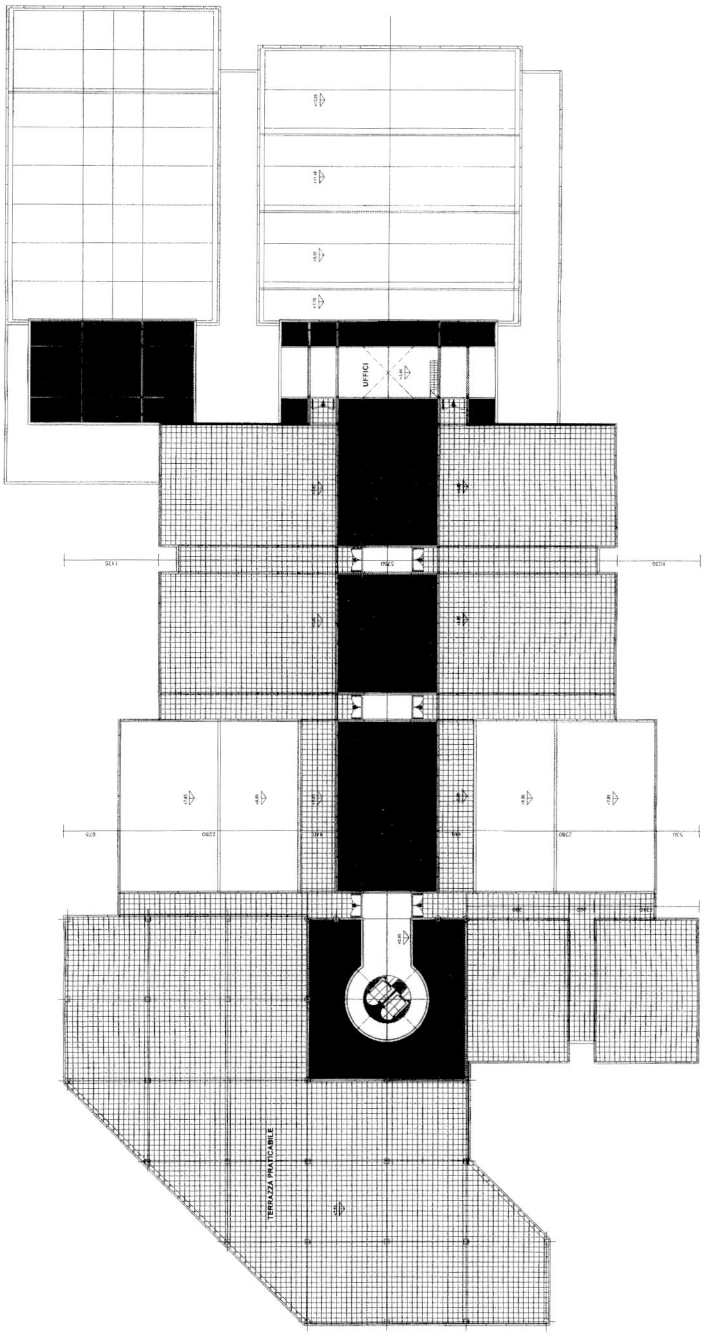

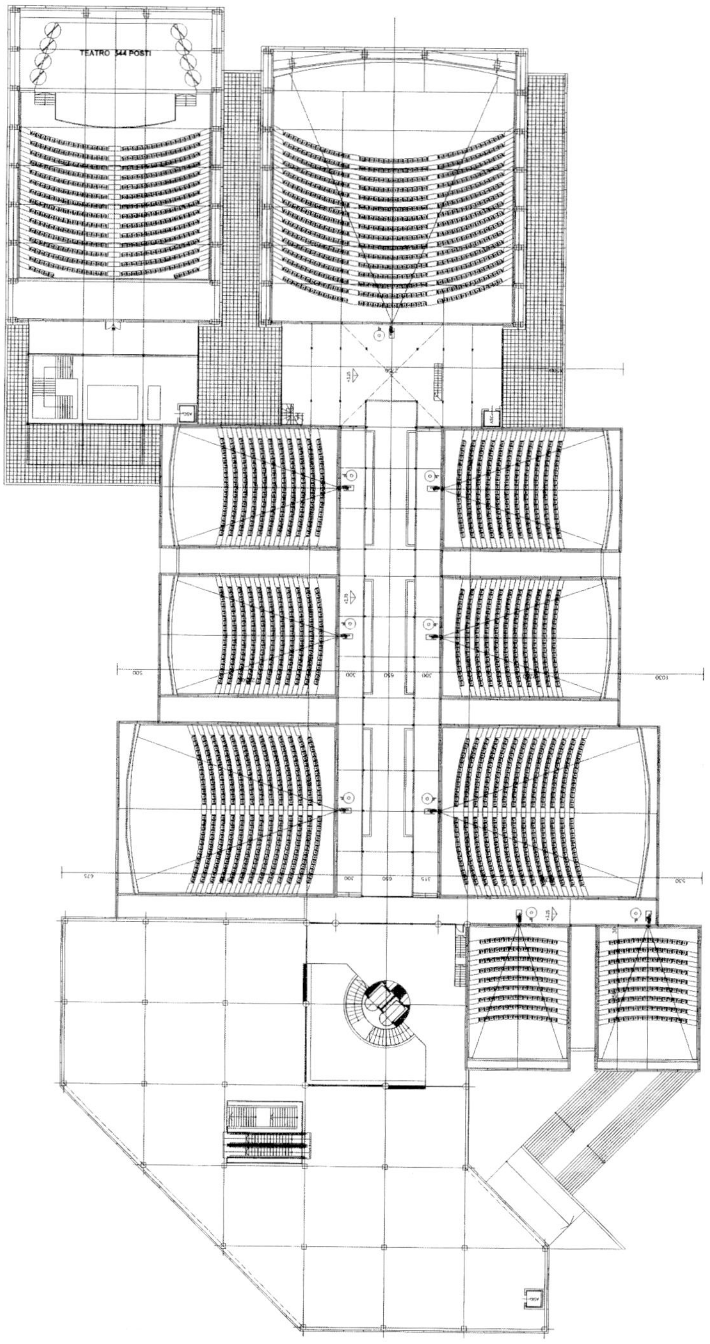

Above, plan of the roofing, and on the right, plan of the technical level.
On the right, top view of the model for the interiors of the Mediapolis Multiplex.

Sopra, pianta della copertura e, a destra, pianta del livello tecnico.
A destra, vista dall'alto del modello degli interni del Multiplex Mediapolis.

In the following pages, view of the Mediapolis (in the background) adjacent to piazza Mapelli, with the Suspended Tower and the Circular Tower in the foreground, and view of the model for the Mediapolis Multiplex.
Above, perspective view of the Mediapolis area with piazza Mapelli in the background.
Below, view from the entrance area of the model for the Mediapolis Multiplex.

Nelle pagine seguenti, vista prospettica dell'intervento Mediapolis (sullo sfondo), adiacente a piazza Mapelli, con la Torre Sospesa e la Torre Circolare in primo piano e vista prospettoca del modello del Multiplex Mediapolis.
Sopra, vista prospettica dell'area Mediapolis con, sullo sfondo, piazza Mapelli. Sotto, vista del modello del Multiplex mediapolis dalla zona di ingresso.

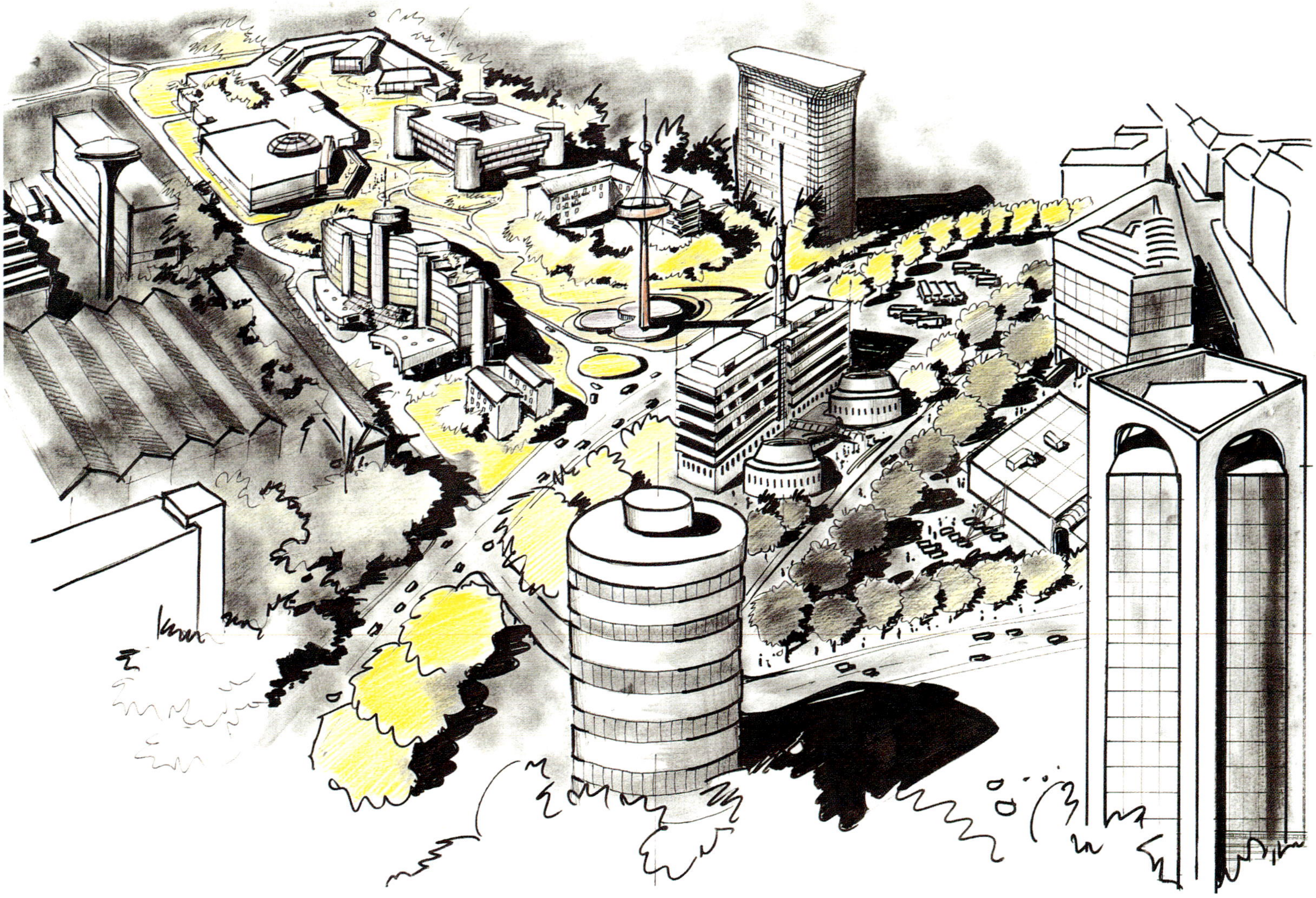

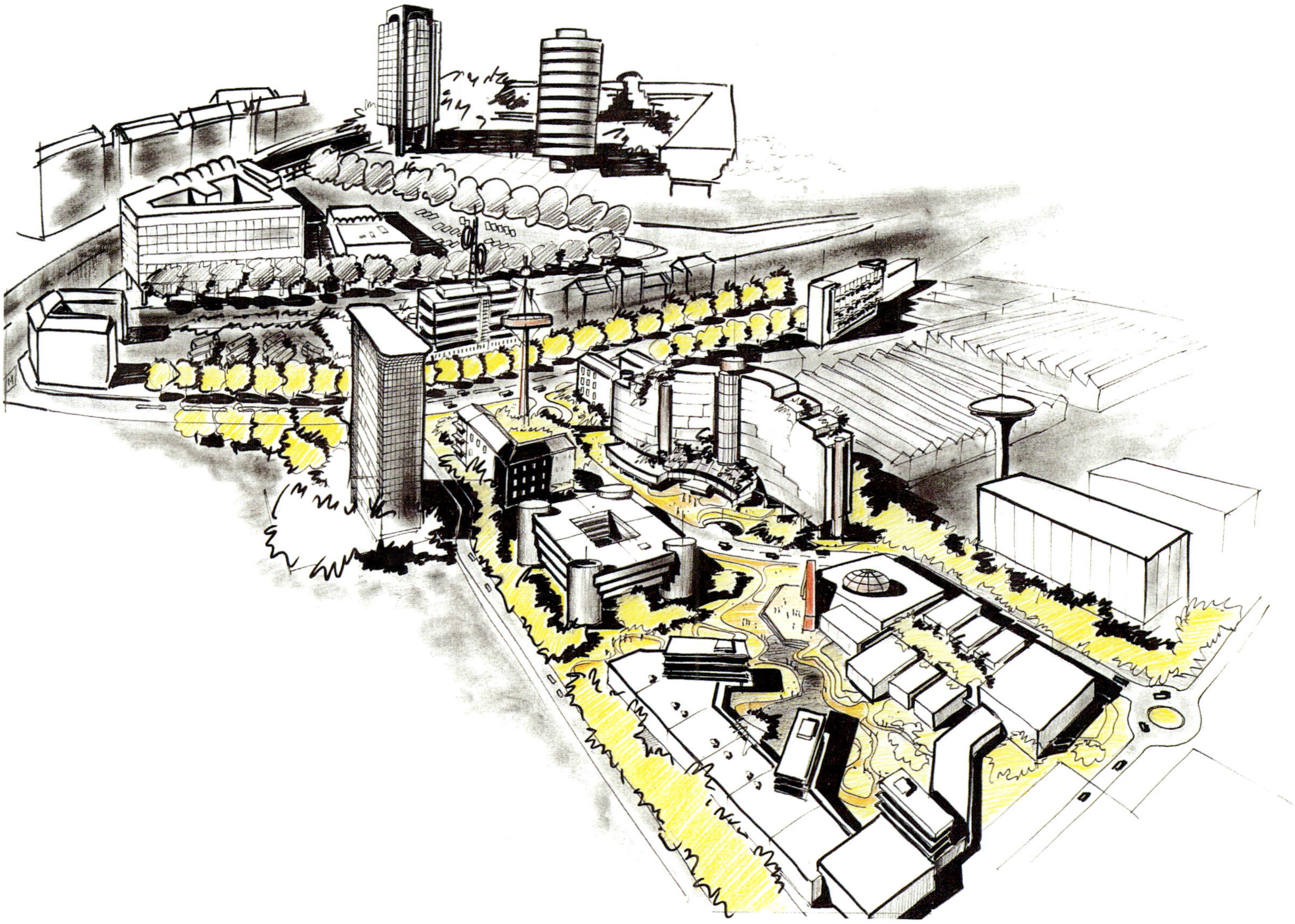

List of Works
Elenco dei lavori

1979
Italwatch Headquarters, Voghera, Pavia
Sede Italwatch a Voghera, Pavia

1982
Renovation of the historic building Villa Sormani, Missaglia, Como
Recupero edificio storico Villa Sormani a Missaglia, Como

Municipal Tamburello Play field, Sesto San Giovanni, Milan
Struttura gioco Tamburello Comunale a Sesto San Giovanni, Milano

1983
Plan for Falck Vulcano lot (project 530,000 sq.m), Sesto San Giovanni, Milan
Piano di lottizzazione Falck Vulcano (progetto 530.000 mq) a Sesto San Giovanni, Milano

1984
Parochial buildings in Precotto, Milan, in collaboration with Salvati and Tresoldi Architects
Opere parrocchiali Precotto, Milano, in collaborazione con gli architetti Salvati e Tresoldi

G. Rodari nursery school and complementary structures, Sesto San Giovanni, Milan
Scuola materna G. Rodari e strutture annesse, a Sesto San Giovanni, Milano

Plan for lots in Cadenabbia, Como
Piano di lottizzazione a Cadenabbia, Como

1985
Furniture showroom in Mozzate, Como
Esposizione mobili a Mozzate, Como, in collaborazione con l'architetto Roberto Barbieri

1986
Snodel Falck offices, Sesto San Giovanni, Milan
Uffici Sondel Falck a Sesto San Giovanni, Milano

Plan for lots in Cadenabbia, Como
Piano di lottizzazione a Cadennabia, Como

Renovation of the former Carabinieri Station, Sesto San Giovanni, Milan
Ristrutturazione ex Caserma dei Carabinieri a Sesto San Giovanni, Milano

1987
Multi-level parking lots (four underground and three aboveground levels), Sesto San Giovanni, Milan
Parcheggio multipiano (quattro livelli interrati e tre fuori terra) a Sesto San Giovanni, Milano

Offices and retail facilities: Soimi, Life, Italfarmaco, Brembo Freni, Motorquality, Pllb, BpB, Sesto San Giovanni, Milan
Uffici e spazi commerciali: Soimi, Life, Italfarmaco, Brembo Freni, Motorquality, Pllb, BpB a Sesto San Giovanni, Milano

Production and commercial center in via Carducci, Sesto San Giovanni, Milan
Centro produttivo e commerciale via Carducci a Sesto San Giovanni, Milano, in collaborazione con l'architetto Sergio Torlaschi

1988
Resurrection Church, Sesto San Giovanni, Milan
Chiesa Resurrezione a Sesto San Giovanni, Milano

Buozzi overpass and infrastructures, Sesto San Giovanni, Milan
Struttura viaria cavalcavia Buozzi a Sesto San Giovanni, Milano, in collaborazione con l'architetto Sergio Torlaschi e l'ingegnere Martinez y Cabrera

Plan for former Tudor lots (49,000 sq.m.), Melzo, Milan
Piano di lottizzazione ex Tudor (49.000 mq) a Melzo, Milano

Municipal sports center, Uboldo, Varese
Centro sportivo comunale a Uboldo, Varese

Desio Bank branch office, Sesto San Giovanni, Milan
Agenzia bancaria Banco Desio a Sesto San Giovanni, Milano

Exploitation program for Falck plants (projects for the central cafeteria, calculation center, general management offices, research offices and other facilities), Sesto San Giovanni, Milan
Piani di valorizzazione stabilimenti Falck (progetti per mensa centrale, centro di calcolo, direzione generale, uffici ricerca e altro) a Sesto San Giovanni, Milano

1989
Former Arcofil area, now piazza Pertini with public and private structures, Arcore, Milan
Ex Arcofil, ora piazza Pertini con strutture pubbliche e private ad Arcore, Milano

Plan for Edilfutura lots (180,000 sq.m.), Sesto San Giovanni, Milan
Piano di lottizzazione Edilfutura (180.000 mq) a Sesto San Giovanni, Milano, in collaborazione con l'architetto Sergio Torlaschi

Plan for Edilmarelli lots (129,000 sq.m.), Sesto San Giovanni, Milan
Piano di lottizzazione Edilmarelli (129.000 mq) a Sesto San Giovanni, Milano

Facility for social misfits at former Villa Agrati, Monticello Brianza, Como
Struttura per disadattati ex Villa Agrati a Monticello Brianza, Como

Town Hall (competition, first prize), Melzo, Milan
Sede comunale (concorso, 1° classificato) a Melzo, Milano

Park in former Osva area, Sesto San Giovanni, Milan
Parco ex Osva a Sesto San Giovanni, Milano

BMW agency, Crema, Cremona
Concessionaria BMW a Crema, Cremona

Former Ingest (Fiat) offices, now Impregilo premises, Sesto San Giovanni, Milan
Uffici Ingest (Fiat) ora Impregilo a Sesto San Giovanni, Milano

1990

Marelli park (near piazza Mapelli), Sesto San Giovanni, Milan
Parco Marelli (adiacente a piazza Mapelli) a Sesto San Giovanni, Milano

Modromeno farm, Casatenevo, Como
Cascina Modromeno a Casatenevo, Como

Special 4.8 project (146,000 sq.m.), Cinisello Balsamo, Milan
Progetto speciale 4.8 (146.000 mq) a Cinisello Balsamo, Milano (Oasi)

Breda Stadium, Sesto San Giovanni, Milan
Stadio Breda a Sesto San Giovanni, Milano

Belloni Hospitality Center (archiepiscopal curia), Milan
Centro accoglienza Belloni (curia arcivescovile) a Milano

Palasesto Sports Center, later Palaghiaccio, Sesto San Giovanni, Milan
Palazzo dello sport Palasesto futuro Palaghiaccio a Sesto San Giovanni, Milano

1991

Neighborhood Children's Library in Sesto San Giovanni, Milan
Biblioteca per ragazzi sede Quartiere a Sesto San Giovanni, Milano

Renovation of the historic building Villa Agrati Garelli, Monticello Brianza, Como
Recupero edificio storico Villa Agrati Garelli a Monticello Brianza, Como

Renovation of the historic building Villa Zorn, Sesto San Giovanni, Milan
Recupero edificio storico Villa Zorn a Sesto San Giovanni, Milano

Hotel (piazza Oldrini, plan exhibited at Genoa Tecnotel Fair), Sesto San Giovanni, Milan
Hotel (piazza Oldrini, progetto esposto a Genova Tecnotel) a Sesto San Giovanni, Milano

Fiat agency, Sesto San Giovanni, Milan
Concessionaria Fiat a Sesto San Giovanni, Milano

Banca Commerciale Italiana Agency in Sesto San Giovanni, Milan
Agenzia Banca Commerciale Italiana a Sesto San Giovanni, Milano

Standa department store (piazza Oldrini), Sesto San Giovanni, Milan
Centro commerciale Standa (piazza Oldrini) a Sesto San Giovanni, Milano

Music and dance school (piazza Oldrini), Sesto San Giovanni, Milan
Scuola di musica e di danza (piazza Oldrini) a Sesto San Giovanni, Milano

1992

Plan for Badel lots, Casatenovo, Como
Piano di lottizzazione Badel a Casatenovo, Como

Spazio Arte multifunctional cultural center, Sesto San Giovanni, Milan
Centro culturale polifunzionale Spazio Arte a Sesto San Giovanni, Milano

Catholic church, Garous, Cameroun
Chiesa cattolica a Garoua, Cameroun

Rovani Park, Sesto San Giovanni, Milan
Parco Rovani a Sesto San Giovanni, Milano

1993

Renovating plan for former Zacchetti quarry (environmental project), Inzago, Milan
Piano recupero ex cava Zacchetti (progetto ambientale) a Inzago, Milano

Former Town Hall, Missaglia, Como
Ex comune a Missaglia, Como

Lakeside equipment with public and private structures, Porto Ceresio, Varese
Opera di allestimento sponda lacuale con strutture pubbliche e private a Porto Ceresio, Varese

Custom Officer station, Sesto San Giovanni, Milan
Caserma finanzieri a Sesto San Giovanni, Milano

1994

Suspended tower (ANCE prize winner), piazza Mapelli, Sesto San Giovanni, Milan
Torre sospesa (premio ANCE), piazza Mapelli a Sesto San Giovanni, Milano

COOP Lombardia Megastore, Sesto San Giovanni, Milan
Ipermercato COOP Lombardia a Sesto San Giovanni, Milano

Papillon shopping arcade, Sesto San Giovanni, Milan
Galleria commerciale Papillon a Sesto San Giovanni, Milano

Renovation of entrance ABB headquarters, Milan
Ristrutturazione ingressi sede ABB a Milano

Bianchi funeral chapel, Sesto San Giovanni, Milan
Edicola funeraria Bianchi a Sesto San Giovanni, Milano

Lot plans, Gallarate, Varese
Piano di lottizzazione a Gallarate, Varese

1995

Circular tower, piazza Mapelli, Sesto San Giovanni, Milan
Torre circolare, piazza Mapelli a Sesto San Giovanni, Milano

Helix tower (plan), Cinisello Balsamo, Milan
Edificio a torre elicoidale (progetto) a Cinisello Balsamo, Milano

ALEA residential complex, Cinisello Balsamo, Milan
Complesso residenziale ALEA a Cinisello Balsamo, Milano

Alfa Romeo agency, Sesto San Giovanni, Milan
Concessionaria Alfa Romeo a Sesto San Giovanni, Milano

Banca Popolare di Sesto San Giovanni HQ and agency, Sesto San Giovanni, Milan
Sede e agenzia Banca Popolare di Sesto San Giovanni a Sesto San Giovanni, Milano

Former Transider offices and services, Sesto San Giovanni, Milan
Uffici e terziario ex Transider a Sesto San Giovanni, Milano

1996

Alitalia regional offices, Sesto San Giovanni, Milan
Uffici regionali Alitalia a Sesto San Giovanni, Milano

Play pavilion for Unicef, Sesto San Giovanni, Milan
Padiglione Giocheria per Unicef a Sesto San Giovanni, Milano

Multi movie theater (project), Vimercate, Milan
Multisala cinematografica (progetto) a Vimercate, Milano

Swimming center, Cinisello Balsamo, Milan
Centro natatorio a Cinisello Balsamo, Milano

Renovation and restructuring of former Colonia (national monument), Rimini
Restauro e recupero ex Colonia (monumento nazionale) a Rimini

Environmental reclamation plan, Sesto San Giovanni, Milan
Piano di recupero ambientale a Sesto San Giovanni, Milano

1997

"Onda" shopping arcade, Sesto San Giovanni, Milan
Galleria commerciale "Onda" a Sesto San Giovanni, Milano

CA.BI. office and production building, Sesto San Giovanni, Milan
Edificio per uffici e produttivo CA.BI a Sesto San Giovanni, Milano

Mediaworld megastore, Cinisello Balsamo, Milan
Centro commerciale Mediaworld a Cinisello Balsamo, Milano

Arcadia multi movie theater (5 theaters), Melzo, Milan
Multisala cinematografica Arcadia (n. 5 sale) a Melzo, Milano

U.C.I. multi movie theater (9 theaters), Muggiò, Milan
Multisala cinemtografica U.C.I (n. 9 sale) a Muggiò, Milano

Rondinella movie theater (1500 seats), Sesto San Giovanni, Milan
Cinema-Teatro Rondinella (1500 posti) a Sesto San Giovanni, Milano

Marconi movie theater (500 seats), Cinisello Balsamo, Milan
Cinema Marconi (500 posti) a Cinisello Balsamo, Milano

Sports center, Muggiò, Milan
Centro sportivo, Muggiò, Milano

Renovation of the historic building Villa Puricelli Guerra, Sesto San Giovanni, Milan
Recupero edificio storico Villa Puricelli Guerra a Sesto San Giovanni, Milano, in collaborazione con l'architetto Sergio Torlaschi

Grugno Torto Park (1,400,000 sq.m.), Cinisello Balsamo, Milan
Parco Grugno Torto (1.400.000 mq) a Cinisello Balsamo, Milano

1998

Nuova Audi agency, Sesto San Giovanni, Milan
Concessionaria Nuova Audi a Sesto San Giovanni, Milano

"Le porte franche" megastore and multiplex, Erbusco, Brescia
Centro commerciale e multiplex "Le porte franche" a Erbusco, Brescia

Transformation of Teatro Elena into multi movie theater (3 screens), Sesto San Giovanni, Milan
Trasformazione Teatro Elena in Multisala (3 schermi) a Sesto San Giovanni, Milano

Reutilization of Teatro Massimo as auditorium and headquarters for the "Giuseppe Verdi" orchestra (1800 seats), Milan
Recupero Teatro Massimo per auditorium e sede orchestra "Giuseppe Verdi" (1800 posti) a Milano

Lot plans for former Garelli, former Transider, Rondò, Sesto San Giovanni, Milan
Piani di lottizzazione ex Garelli, ex Transider, Rondò a Sesto San Giovanni, Milano

Residence (in corso/*in progress*) in Cinisello Balsamo, Milano

Villa Torretta (in corso/*in progress*) in Sesto San Giovanni, Milano

Casa Antonietti a Rivarolo Mantovano, Mantova

Palazzo Appiani a Monza, Milano

Conversion of Prehistoric Park into Park of Mankind (1200 sq.m.), Rivolta d'Adda, Cremona
Parco della preistoria riconvertito in parco dell'Uomo (1.200 mq) a Rivolta d'Adda, Cremona

Giocheria building - Children's City (annexed to Giocheria Pavilion, 1996), in progress, Sesto San Giovanni, Milan
Edificio Giocheria - Città del Bambino (annesso a Padiglione Giocheria, 1996) in corso a Sesto San Giovanni, Milano, in collaborazione con l'architetto Alfredo Gardella

"Mediapolis" multi movie theater, in progress, Sesto San Giovanni, Milan
Multisala cinematografica "Mediapolis" in corso a Sesto San Giovanni, Milano